小もの釣りが ある日突然上手くなる

フナ タナゴ ほか

葛島一美

つり人社

前書き

僕が四季折々に楽しんできた江戸前の「小もの釣り暦」のお題目は、実にすっきりとしたものです。

12月から2月いっぱいまで冬の間はもちろん、江戸前の名に恥じないように霞ヶ浦水系などの船溜まりドックやホソでエンコの寒タナゴ釣りに精進します。極寒の下、やせ我慢をしてまで越冬中の食いが渋いオカメタナゴ（タイリクバラタナゴ）と対峙することは、江戸前の小もの釣りに受け継がれてきた数釣り修行のひとつです。

寒タナゴ釣りの苦行⁈が明けると、3月から5月にかけて今度は巣離れ、乗っ込み、居残りと続く春ブナ釣り前線を追いかけます。さらに夏に向かって、近年熱を上げている婚姻色が美しい春タナゴ釣りにうつつを抜かしているうちに、汽水域をメインとするテナガエビ釣り、陸っぱりの夏ハゼ釣りも開幕します。

暑い季節を挟んでの後半戦は、まず彼岸ハゼまで陸っぱり釣りに精を出し、秋が深まってくると落ちブナ釣りシーズンがやってきて、師走近くまで小ブナ釣りに没頭しているうちにふたたび寒タナゴ釣りの好機が訪れる……というのが一年の流れです。

釣りライター&カメラマンという仕事柄、僕はこのような小もの釣り暦の年間スケジュールに合わせるようにして、それぞれの釣りジャンルの名人上手と呼ばれる釣り人とご一緒して出かける機会が取材の大半を占めます。その際、密着取材をしながら、絶対に公表したくないであろう名手独自の釣り方やテクニックを聞き出すと同時に写真にも残し、何気ない会話の中からついポロリとしゃべってしまったマル秘のコツの一言半句も聞き逃がさないことが僕の仕事です。

こうして永年こつこつとメモに取ってきた小もの釣り名手たちの妙技やオリジナル仕掛けなどの取材内容を、月刊『つり人』に発表し続けてきました。同時にそれは、同じく小もの釣り大好き人間の僕自身にとっても釣力アップに役立つ最良の肥しになっています。

本書ではフナ釣り、タナゴ釣り、テナガエビ&ハゼ釣りという代表的な淡水・汽水域の小もの釣りジャンルを3つの扉に分けて、名人上手から授かった小もの釣りのノウハウや創意工夫の数々を伝授しましょう。それぞれの項目は、数釣り指南ばかりではありません。現代における最先端の小もの釣り事情が学べる一冊でもあると自負しております。

目次

壱ノ扉　フナ釣り―鮒に始まり鮒に終わる奥深さに触れる

だれも真意を語らなかったシーズン後半のフナ釣り事情　8
コンクリート水路に始まりコンクリート水路に終わる　11
フナの気配を察知する観察眼を磨け　14
乗っ込みブナ前線を先読みするコツとは　16
秋は浮きブナ現象に目を光らす　20
探り釣りスタイルは散歩感覚で　22
タモ取りで分かる腕前　25
虫エサの付け方でフナの機嫌うかがい　27
プロが教えたくない赤虫の自宅保存法　29
グルテンを使ったフナの練りエサ釣り事情　32
仕掛けのバリエーションで遊ぶ　35
浮力調節は遅ジモリとお軽の2パターンが基本　38
中通し玉ウキ用の止め芯アイデア　40
袖バリに始まって袖バリで終わるのか　43
仕掛け作りは文明の利器を活用すべし！　45
竹製仕掛け巻きに2本バリを上手に収納するコツ　48

弐ノ扉　タナゴ釣り―止水と流れっ川、それぞれのキモ

霞ヶ浦水系のドック周りには独特の「縦社会」がある　52
基本中の基本！　流れっ川のタナゴウオッチングを楽しむ　56
釣り場捜しは仲間とタッグを組んで　60
タナゴザオの長短はどれだけ必要？　62
ズームロッドの穂先は回転トップでバージョンアップ　66
仕掛けの本質は良質の完成品で勉強すべし　69
連動シモリ仕掛けの吸水性を考えてみる　72
仕掛けの浮力調節は必ずハリをセットして行なう　75
古くて新しい?!　流れっ川用改良型ゴツンコテンビン仕掛け　77
長ザオにはハエウキ2段式オモリ仕掛け　80
既製バリで99％のタナゴが釣れる　84
水温計は名手の必需品　87
ハリス止メに板オモリをきれいに巻き止めるには　90
千枚通しは隠れた必需品！　92
合切箱からデイパックへ、気軽釣行のススメ　94
偏光グラスは「伊達」じゃない　96
黄身練りの絶対失敗しないさじ加減　98
グルテンエサ考察　100
匂いカゴの中身は十人十色　103
流れっ川はエサ切りでだませ！　106

参ノ扉　テナガエビ・ハゼ釣り―侮れない「手軽なターゲット」

同じ汽水域でもハゼとテナガエビには棲み分けがある　110
テナガエビ釣りのサオ掛け&サオ置きベストワンは?　113
テナガエビの通り道を捜せ　116
テナガエビ仕掛け、複雑すぎていませんか　118
好潮時に集中せよ　120
時代はスーパーライト・チョイ投げ!　122
見切りを学ぶ　124
おいしくいただくための保冷クリール　126

カバー装丁　日創
イラスト　廣田雅之

壱ノ扉

フナ釣り――鮒に始まり鮒に終わる奥深さに触れる

だれも真意を語らなかったシーズン後半のフナ釣り事情

里川のフナ釣りでは、昔から春夏秋冬の四季を感じる独特の行動を表現した「フナ暦」が伝えられてきました。霞ヶ浦水系を例に挙げると前半戦は2月下旬から5月のゴールデンウイークにかけて、「はしりの旬」の巣離れブナ釣りにはじまり「盛りの旬」の乗っ込みブナ釣りでピークを迎え、最後は「名残の旬」の居残りブナで春ブナ釣りシーズンを終えます。産卵期の春ブナ釣りシーズンは30㎝を超える尺上を筆頭に釣れるアベレージサイズが大きく、その強い引きに伴う派手やかな釣趣を満喫できることが大きな楽しみではないでしょうか。

豪快な前半戦とは対照的に、秋以降の後半戦は通好みのフナ釣りシーズンが展開します。秋分の日をはさんだ彼岸頃にはやっと夏のほとぼりも冷めて、フナもふたたび活発にエサをあさり始め、落ちブナ釣りが開幕します。釣り方はホソや水路の平場に広く散っている中小ブナをねらう探り釣りスタイルです。中ブナとはいっても春のそれとは違い、大きくても10㎝そこそこの手の平サイズ。大半は金太郎の愛称で呼ぶ5～7㎝の小ブナです。軟らかい調子に仕上げてもらった小ブナ用の竹ザオを手にして、ひっそりと静まり返った里

田起こしが終わったばかりの土手下のホソ周辺。春シーズンの巣離れブナと乗っ込みブナの端境期といったところ

川を探り歩くのは最高の気分です。

しかし秋が深まるのは早く、そうこうしているうちに初冬の11月を迎えます。この頃になると今春生まれた当歳魚のフナも数㎝に育ち、この柿の種とも呼ぶミニブナ、豆ブナがいい遊び相手になってくれます。越冬を前に土手下のホソに流入する縦ホソの小深い個所に集まってきたミニブナをねらうには、稲刈りが終わった田んぼのあぜ道をお借りして短ザオのエンコ釣りがお決まりです。健康優良児ぞろいで食欲旺盛ですから、釣り人もつい大人気なく数釣り志向に走って100尾超えの束釣りを目差します。

ところが正統派の江戸前釣り愛好家

ともなると、11月末日をもって柿の種釣りをピタリと止めてしまいます。なぜでしょうか。

その理由は……短ザオの繊細な連動シモリ仕掛けといい、ネコのように丸くなるエンコ釣りといい、これって何かの釣りに似ていませんか? 実は師走から始まる寒タナゴ釣りのウオーミングアップという、小ブナたちには失礼な江戸前釣り愛好家の寒タナゴ釣りへの伏線があったのです。

春爛漫の花見ブナ釣り。しかし、釣り人の心境は「花より尺ブナ」

天高く小ブナ肥ゆる秋。探り釣り、エンコ釣りはお好み次第！

コンクリート水路に始まりコンクリート水路に終わる

千葉県と茨城県にまたがる日本水郷の例を挙げるまでもなく、現代のフナ釣り場の要はコンクリート水路です。

田園地帯には水田やハス田、畑などを潤す目的で広大な耕地の中を大小のコンクリート水路（ホソも含む）が縦横無尽に流れています。矢良川新堀などの水郷などでよく見かける「新堀」とは、元々あった河川を掘り起こした後、三面をコンクリートで固めて造り直したものだそうです。このほか、大がかりな干拓工事などで耕地を整備するとともに新設された水路も数え切れないほどあるといいますが、これらのコンクリート水路が僕らの楽しんでいるフナ釣り場になっているわけです。

コンクリート水路の大半は排水のみを目的として造られています。このため各所に機場と水門が併設されているケースが多く、人為的に通水や導水を管理しています。昔から灌漑用水とか用水路とも呼ばれる所以です。これらは基本的には水田やハス田などの耕地に水が必要な時は機場を稼働して揚水（水を汲み上げること）を行ない、反対に水が不必要になったり降雨などで満水状態の時には水門を開けて水を落とす構造です。このようなコンクリート水路の仕組みから、水門が開く時に限ってフナたちは出入りすることが可能になります。

巣離れ、乗っ込みと続く春ブナ釣りシーズンは、時期を同じくして始まる農作業用の通水を利用して産卵に向かうフナたちが水路を伝わって入り込んできます。水門の開閉の回数が多いほどフナの補給も期待できるので、そうなると当たり年の公算も高まります。

一方、たわわに実った稲を刈り入れる秋を迎えると、田畑の水を抜かれるおかげで水路は渇水または干上がり、釣りには用をなさない個所が目立つようになります。大半のフナは排水とともに川続きの大場所に落ちてしまいますが、例外的には水が残ったホソなどで越冬する小ブナの群れもいます。

コンクリート水路は、地域差のほかに水田や畑、ハス田、その他の農産物などによって季節ごとに大きく水況が異なることを覚えておいてください。

1束2束は当たり前！　秋の小ブナは数釣り指南の季節

機場の揚水や降雨などで水田の水位が上がりすぎたり、不必要な水は、排水溝を通じて隣接するホソへ排水される。この時、水門が開いてフナが出入りできる

フナの気配を察知する観察眼を磨け

現場に到着したら、サオをだす前にざっとでもいいから探ってみようと思う釣り場範囲の川見をしておく。これはフナ釣りでも大切なことです。そして、この時の立ち居振舞いで釣り人の技量が分かってしまいます。フナ釣りのベテラン勢は魚を驚かさないよう水際に近づかず、1、2歩下がった位置から川面一帯を確かめていくでしょう。水深や障害物などポイントの変化はもちろんのこと、フナが今どのへんに潜んでいるだろうかと気配に目を光らせています。

特に春の乗っ込み期、フナの気配を察知する大きな目安となるのは枯れアシやアシの新芽など水生植物の根元の振れです。乗っ込みブナは水生植物が生えているような岸寄りの浅い場所を移動していく習性があるので、風もないのにアシが揺れていたら、その根元にはフナが小休止している証拠です。

多少風が吹いている場合でも、観察眼次第という条件付きの極秘シグナルを教えましょう。それは風の強弱に歩調を合わせたアシ林の揺れの中、違うリズムでダンスを踊っているアシの根元を発見することです。

また、春と秋の2シーズンを通してフナの気配を察知できる水面の変化もあります。水中のフナが体をよじったような動作がフワフワッとした波紋になって水面が揺れるモジリは見逃せないサインです。川底から立ちのぼってきた泡が水面でプクッ、プクッと割れるのは泡付けと呼びます。水質が悪化している河川では川底のヘドロの中に溜まったガスの場合もありますが、これもひとつの情報として常にチェックしておきたいものです。

水生植物の振れ、モジリ、泡付けという3種のシグナルを紹介しておきながら申し訳ないのですが、これらに100パーセントの信頼度はありません。フナと同じ水域に棲み、同じような時期に産卵期を迎えるコイの存在が怪しいのです。確かにコイのモジリは水面を波立たせるほど派手なのに対して、フナは尾ビレでひと払いした程度と上品です。泡付けにしてもコイはシャボン玉のような大きな泡が激しく湧き立ちます。こういった違いはありますが、やはりフナとコイの気配を100パーセントの確率で見分けることは不可能です。

それでもなお観察眼を磨くことには意味があります。川見を億劫がっていてはフナ釣りを充分に楽しめません。

乗っ込みブナ前線を先読みするコツとは

1年を通したフナ釣りシーズン（7、8月の夏ブナはパス）のうち、最も激動する時期といえば乗っ込みブナを主軸とした春の産卵期ではないでしょうか。乗っ込みブナの行動は、日本人の大好きな桜になぞらえて日本列島を北上するソメイヨシノの開花前線と同時進行し、その満開時に乗っ込みのピークを迎えるというのが定説になっています。僕らも釣り仲間を集めて年に一度、大型バスをチャータして出かける花見ブナ釣りの宴を楽しみにしているほどです。

余談はさておき、関東一円とひと括りにいってもフナが乗っ込む時期には地域差があります。さらに、それぞれの地域の中で同じ流域に属する河川やホソでも乗っ込みブナがいっせいに釣れ盛ることはまずあり得ません。

乗っ込みブナの行動を左右するのは降雨、日照などの天候や水温はもちろんですが、それ以上に農作業目的で水門を開閉する通水の影響が大きいと思います。霞ヶ浦水系などを走り回って乗っ込みブナ釣り場を捜す際には、釣行するごとにねらう河川やホソに隣接している田園地帯の通水状況をチェックすることが先決なのです。

ここで、僕が乗っ込みブナ釣りのホームグラウンドとして毎年のように春3月から5月にかけて通い詰めている、土浦市を中心とした霞ヶ浦西浦一帯の土手下のホソを例に挙げて考えてみましょう。まず、土浦市〜かすみがうら市側の北岸と阿見町〜美浦村側の南岸に二分してみると面白いことに気が付きます。北岸の土浦市〜かすみがうら市側はハス田が大半を占めるのに対して、南岸の阿見町〜美浦村側には水田が広がっています。この、ハス田か水田かによってフナが乗っ込む時期に顕著な違いが出るのです。

春の農作業は水田よりもハス田のほうがスタートするのが早いようで、これに伴いハス田への通水時期も早まりますから、霞ヶ浦西浦の乗っ込みブナ釣りは北岸から開幕するパターンが通例になっています。北岸に続く土手下のホソの乗っ込みブナ釣りは例年3月中旬、広大な西浦ワンドの中で水温が高い最奥の石田地区や土浦新川から始まります。その後、日を追って志戸崎方面といった西浦のワンド入口に向かう傾向が強く、北岸の乗っ込みブナ前線は4月中旬までの約1カ月間がトップシーズンといえます。

南岸の水田地帯は例年4月に入ってから農作業が始まります。通水後に乗っ込みブナが騒ぎ始めるのは北岸に比べて2、3週間遅れが目安になり、そのぶん5月のゴールデンウイーク以降まで楽しめる年が多くなります。

以上、霞ヶ浦西浦の北岸と南岸における乗っ込みブナの大まかな動きについて述べてみました。これらは同じ水域に通い詰めて拾い集めてきた釣り場の傾向や特徴など、長年のデータの蓄積であり、こうした情報はそれぞれフナ釣りファンにとってこのうえなく大切な宝物といえます。これらのデータを元に年ごとに変化する天候などを考慮してシーズンの釣況を予想するインドア・フィッシングもまた楽しいですし、当日の釣り場捜しでは、とっさの状況判断で臨機応変に対応できるのも強みだと思います。

たとえば朝一番にサオをだした土手下のホソは流れが止まっていてアタリがなかったとします。ところが長年の勘で乗っ込みブナの気配が感じられ、気になって午後からもう一度同じポイントを探ってみるとねらい的中、水況が一変していて入れ食いに遭遇することがままあります。これは農作業に応じて急きょ通水が行なわれ、流速や水位の変動に触発されて一気にフナの活性が高まった好例です。

田畑への通水とともに、春の天候も気になる自然条件です。3月中の寒の戻りや4月の花冷えといったような気温が低い日には水温もなかなか上昇せず、フナの活動も鈍ってしまうのは当然といえば当然。それでもお昼前後に水温が2、3℃上がるだけで活性を取り戻すケースも多いので決してあきらめないことです。

雨降りの中でサオをだすのは辛いものですが、フナ釣りファンにとって喜ばしい雨もあります。比較的気温が高い日にしとしとと降る春雨はフナ釣りファンの間で「甘い水」と

これぞ乗っ込みブナのだいご味！ 根掛かり多発ゾーンのヤッカラ帯を長ザオのヅキ釣りでねらう

呼ばれ、雨で人の気配が消されるのか、乗っ込みブナ釣りの好条件のひとつとして数えられています。また、ホソの流れがオーバーフローするほどのまとまった雨が降ったあとも「善は急げ」です。後続の新しい群れが乗っ込んでくる公算が高く、雨後の2、3日間はハリの痛さを知らないウブなフナが乱舞する確率が高いものです。

秋は浮きブナ現象に目を光らす

バラケエサなどの集魚効果で魚を人為的に宙層に寄せるヘラブナの宙釣りは別として、里川のフナの遊泳層は通常、川底一面に集中しています。虫エサの探り釣りにしてもグルテン練りエサ釣りにしても、ウキ下の基本的な調節はオモリベタの底層ねらいであることは周知のとおりです。

ところが秋ブナ釣りのある一時期だけ、フナの遊泳層がなぜか上ずってしまう浮きブナ現象に出くわすことがあります。霞ヶ浦水系を例に挙げると、主に9月上旬から中旬にかけて、僕の体験では川幅のある水路よりも土手下のホソなどのホソ群で起こることが多い気がします。それは夏の間、高水温の影響で水面近くにプカプカと浮いてしまった酸欠のフナとは全く違い、通常と同じく食欲旺盛で元気いっぱいなフナなのです。

毎年期待を裏切らない秋ブナの好釣り場である土手下のホソに出かけ、いつもどおりのペースで対岸伝いのコンクリート壁を探っていくのにウンともスンともアタリがない……と仮定しましょう。しかも長年の勘でフナの気配は充分に感じています。

こんな時は試しにウキ下を10㎝、20㎝刻みで徐々に縮めて宙層を探ってみてください。

意外や意外、どこかのタナで当たってくる確率は高いものがあります。この際、今まで使っていた連動や標準シモリ仕掛けは手早くトップバランスに整え直すか、遅ジモリでもごくごくスローで沈んでいくシモリバランス仕掛けにして、上層から下層に向かって浮きブナの遊泳層を探り当てるハイテクニックを駆使するのも面白いものです。

濁りが強く透明度が悪い流れでは勘が頼りですが、薄濁りの水色や水深が浅いホソの場合には偏光グラス越しにフナの魚影を確認できるケースもままあります。

浮きブナは湖水でよく見られるターンオーバー現象に類似しているように思えますが、科学的なことは分かりません。僕らにはせいぜい、「夏の高水温で悪化した川底近くの水質を嫌って、一時的に宙層に逃げてきて定位しているのかもしれないね」などと結論付けるのが関の山。それでも先行の釣り仲間が素通りした後、同じポイントで浮きブナを当てた時には大人気なくも「してやったり」のガッツポーズが出るほどうれしいものです。

探り釣りスタイルは散歩感覚で

ここ数年、霞ヶ浦や北浦のフナ釣り場に出向くと、僕のセンス（？）で提案してきた探り釣りスタイルで決めた若い層のフナ釣りファンが目立つようになってきました。本人としては照れくさい気持ちがある半面、実にうれしいものです。

まず、衣服は勇んで釣りに出かけるぞといったイメージではなく、野に出て足の向くまま散歩を楽しんでいる感じのアウトドアウエアが好ましいと思っています。長靴にはアースカラー系のニーブーツがマッチしますし、温暖な季節にはゴアテックスを組み合わせたワークブーツやスニーカーが蒸れにくくて軽快です。それから、帽子は僕の場合、四季を通じてハンチング一点張りなので春秋用・夏用・冬用それぞれを被り分けています。

現場で探り歩く際の携帯用道具入れとしては、小型のショルダーポーチ（またはショルダーバッグ）を長年愛用してきました。そうそう、春の乗っ込みなど良型ブナがヒットする確率が高い時期には玉網が必需品です。振り出し式の玉網は、主にフライフィッシング用として市販されている磁石製の脱着式ネットトリリーサーを使って先のショルダーポーチに装着しておくのが最善策だと思っています。

我らが釣輪具雑魚団（ツーリングざつぎょだん）ナンバーワンの伊達男、金森健太郎君。寒の戻りで冷え込んだこの日はダウンジャンパーにコーデュロイパンツ、そしてハンティングブーツの出で立ちで乗っ込みブナ釣り

箱ビクや桶ビクは……この数年、翌日の肩凝りが心配で出番がめっきりなくなりました。伝統的なビクの代わりに胸元に下げているエサ入れには、エサ箱ならぬエサ筒を多用しています。エサ筒とは元々、渓流釣りに使われてきた首下げ式のエサ入れです。太い竹をくりぬいた素朴な円筒形のデザインが基本のようですが、中には木材を加工した2室式の横長タイプや上下2段式などもあるので、フナ釣りの場合には赤虫とキヂの2種類を持ち歩くことができます。

そして、活かしビクには主に尻手ロープ付きで自立式の水くみバッカンを利用しています。上面にあるチャック式の網蓋を閉じるとそのまま水替えが可能なため、酸素不足などでフナに与えるダメージが少なくてすみます、ポイント移動する際はこまめにリリースするように心がけていますし、同じ釣り場範囲に他の釣り人が見当たらない時は、活かしビクを持たずにキャッチ・アンド・リリースに徹してしまうことも多くあります。

最近はとみに、探り釣りスタイルで小径自転車のミニベロにまたがり、さっそうと水郷のフナ釣り場を探り回るヤングファンに出会います。月刊『つり人』で僕が連載している初老&中年の小もの釣り大好きおじさんが活躍する「釣輪具雑魚団」の影響も大きいようです。小径自転車は現地での移動が楽なうえに、小回りのよさでは自動車以上のものがあります。これを生かすうえでも探り釣りのスタイルはアウトドアウエアと、なるべくシンプルな道具立ての組み合わせがよいと思うのです。

タモ取りで分かる腕前

フナの探り釣りを楽しむ正統派スタイルとして、たすき掛けにしたりサオケースに差し込んだ玉網は、箱ビクや桶ビクとともにステータスシンボル的な道具です。

探り釣り用の玉網は昔から玉枠の径が小さければ小さいほど小粋とされてきました。ちなみに僕が愛用している玉枠の内径は21㎝。尺ブナでも取り込める江戸前の基準に恥じない「小玉」です。しかしどう考えても型のよいフナを無事にすくい取るという本来の役割は度外視しているわけで……。

小玉が好まれる理由は、実に振るっています。

「大型ブナの体高幅がくぐれる玉網径があれば充分、見事すくってみせましょう」

無理と気障《きざ》が見え見えです。

小玉による正しい取り込み法は、まず思う存分引き味を堪能したフナに空気を吸わせておとなしく観念させることが第一です。ここで落ち着き払って水面半分に浸る程度に玉網を構え、静かにフナを引き寄せてきます。クライマックスは、玉網の真上に差しかかったタイミングでフッと仕掛けを緩めてフナの頭から玉網の中へ落とし込ませる……という寸法です。手際よく取り込みが決まれば小さな玉網の中でフナがUの字を描いて静かに収まっているはず。玉網でフナの尻を追い回すような失態を演じると、半人前の烙印を押されてしまうことは当然の成り行きです。

とどのつまり、華麗なるタモ取りの技は、江戸前を気取る探り釣りファンの必須科目。恥をかかない取り込みのコツは、サオの全長よりも20～30cm短めの仕掛けをセットすること。これだけのことでずいぶんサオの操作がしやすくなります。

空気を吸わせて弱らせたフナは水面に半分浸る程度に構えた玉網の中へ滑らすように引き寄せる。この時、竹ザオの場合は特に無理な負荷をかけないように、サオを握る腕を弓を引く感じでグイッと後方へ反らすと格好もいい

虫エサの付け方でフナの機嫌うかがい

関東エリアを中心としたフナ釣りでよく使われる虫エサは現在、赤虫とキヂ（ミミズ）の2種類です。古くは赤虫やキヂとともに、ボッタと呼ぶイトミミズの仲間が寒ブナ釣りから春先の巣離れブナ釣りにかけての低水温期や汽水域の好エサとして、盛んに使われました。しかし、ボッタの販売は近年、東京・下町の一部の店を残してほとんど姿を消しています。また、白サシの名称で市販されている幼虫エサは古典的なフナ釣り教書には夏場などの高気温時向きと書かれていますが、僕自身一度も試したことがなく、赤虫かキヂがあれば代用可能だと思っています。

赤虫は万能タイプといわれるだけにシーズンを通してよく当たる虫エサです。特に師走から春先にかけての水温が低い季節の外、春や秋の好時期でも予想外の食い渋り時に威力を発揮するし、中小ブナ釣りにも欠かせません。赤虫のハリ付けは黒っぽい頭部に限らず、どこの部分でもチョン掛けの房掛けがセオリーです。小さな虫ですから、春シーズンの良型ブナや秋の中ブナねらいの場合は迷わずハリのフトコロいっぱいにたっぷりと10～15匹の房掛けにします。これが小ブナ中心の探り釣りになると3～5匹の房掛け、初冬から師走にかけてのミニブナのエンコ釣りでは1、2匹のチョン掛けといった按配です。探り歩く間にクチボソなどのジャミに突かれるなどして真っ赤な体液が少し抜けてピンク色になったものは端から千切り取り、その都度新しい赤虫を追い刺しすることが大切です。フナが釣れた時にはもちろん全部取り替えてください。

一方、箱パック入りのキヂ市販品は、極太、太目、中目、細目といったように数種類のキヂの太さがあります。僕は中目か細目を選びます。付け方はチョン掛けが基本で、ものの本にあるようなハチマキ（胴の少し太い部分）ではなく、どこに刺しても結構です。通し刺しにすることはありません。キヂは通常1匹のチョン掛けですが、太くて長すぎるものは胴の部分を2、3回縫い刺しにしてこぢんまりとハリにまとめます。反対に、小さすぎるキヂは2、3匹のチョン掛けで房掛けにしてしまいます。このキヂの房掛けは荒い食いっぷりを演じてくれる乗っ込みブナねらいに効果的だと考えています。

また、キヂエサの変則的な付け方というか、マル秘の特エサ「大暴れキヂ」もひとつお教えしましょう。これはチョン掛けや房掛けにしたキヂの先端部少々をハサミや爪先で切り落とす荒技（?）です。片方の尾っぽを切った瞬間にクネクネどころか、もんどり打つように暴れ回り、切り口からは黄色っぽい体液も多量ににじみ出てきてアピール度と集魚効果は抜群です。そのぶんキヂの弱り方も早いのでエサの交換にも気を配ってください。

プロが教えたくない赤虫の自宅保存法

購入して封を切らなかった箱入りのキヂエサは、冷蔵庫の保冷力が弱い野菜室などで保冷しておけば少なくとも数週間は元気よく生きています。春ブナ釣りシーズンの最盛期などに1個常備しておけば、思い立ったが吉日の予備エサとしても重宝します。また、その日使い残したキヂでも高温下で弱ってない限り再保冷しておくことも可能です。この場合はキヂが抜け出さないように、新しくジップバッグ等に入れ替えて完璧にパッキングしておかないと、家族を巻きこんで「冷蔵庫ミミズ地獄」という大騒ぎの原因になるので注意してください。

生命力が強いキヂとは反対に、弱りやすい赤虫は日持ちがしません。釣具店やエサ専門店で釣行前日に買い求めた場合、気温が高い春5、6月や秋9、10月は赤虫を包んである新聞紙を濡らして当日朝まで冷蔵庫の野菜室で保冷しておいたほうが安心です。このように日持ちが悪い赤虫ですが、エサ専門店などのプロが実践しているのと同じ要領で行なう自宅保存法をお教えしましょう。

用意するものは100円ショップなどで売っている網目が細かい小型の金ザルと、同径のボールというワンセットだけです。まずはボールの内側に金ザルをセットし、ザル上1～2㎝まで水を張って赤虫を投入します。水と赤虫を入れる手順は逆でもよく、気泡が付着して水面に浮かんでいる赤虫は指先で突いて沈めてください。

赤虫を水に浸して待つこと10～20分、網の目をくぐり抜けてボールの中に落ちたのが元気のよい赤虫です。網の上に残ってしまったのは弱っているか死んだものなので処分します。できれば朝夕1回ずつ、少なくとも毎日1回の水替えで元気な赤虫を濾《こ》し取り、通気性のあるラップフィルムを被せるか、小型の密閉容器に移し替えて冷蔵庫の野菜室で保冷しておきます。それでも赤虫の鮮度は日に日に少しずつ落ちていきます。また、購入したての赤虫なら約1週間は大丈夫ですが、使い残したぶんはその限りではありません。エサ専門店のプロによると死んでしまった赤虫の体液が他の赤虫を弱らせる大きな原因だそうです。

ちなみに家庭で使っている金ザルとボールは絶対に流用しないことと、キヂの保存を含めて、くれぐれも「山の神」の許可を得てからにしてくださいね。幸運を祈ります！

赤虫の自宅保存法

①まずはボールの内側に金ザルをセットし、ザル上１～２cmまで水を張って赤虫を投入する

②気泡が付着して水面に浮かんでいる赤虫は指先で突っついて沈める

③待つこと10～20分、網の目をくぐり抜けて下へ落ちたのが元気のよい赤虫。網の上に残ってしまったのは弱っているか、死んだ赤虫なので処分する

④朝夕１回ずつ、少なくとも毎日１回の水替えで元気な赤虫を濾し取り、ボールをラップフィルムなどで密閉するか別容器に入れて冷蔵庫の野菜室で保冷しておく

グルテンを使ったフナの練りエサ釣り事情

キヂや赤虫といった虫エサばかりがフナ釣りではありません。ヘラブナ釣りと同じスタイルの練りエサ釣りでフナ釣りを楽しんでいる方も大勢います。また、都釣連（東京都釣魚連合会）を頂点とする東京都内のほか、関東近県にも数多くある釣り倶楽部で行なわれる例会や大会では、グルテンを主体とした練りエサ釣りの会員が軒並み上位を占めるほどの強さを誇っています。低水温などの悪条件下でも抜群の集魚効果が遺憾なく発揮されることが要因のひとつでしょう。

主にグルテン練りエサを使ったフナ釣りスタイルは、流速が伴う河川のヘラブナ釣りテクニックを流用したドボン釣りと、フナ独特の探り釣りをベースにして考案された探りグルテン釣りの二派に分かれます。簡単にいえば、ドボン釣りは仕掛けが流されないように大ぶりのヘラウキ仕掛けと重いオモリをセットで使う底釣り。探りグルテン釣りは軽いバランスに整えた連動シモリ系の探り釣り仕掛けを操る底釣りと考えてください。

両方の釣りを比べると、手軽に楽しめる探りグルテン釣りが圧倒的な人気です。探りグルテン釣りは、ドボン釣りのようにヘラザオやヘラウキに加えてサオ掛けをセットした大がかりな釣り台も必要ありません。また1カ所の釣り座に固執せず、その名のとおり活性の高いフナをねらってポイントを転々と探り歩く本来の探り釣りスタイルを通すことも可能です。

この探りグルテン釣りが考案されてから、かれこれ20年近く経つと思われます。山吹の芯で自製した親ウキとシモリウキを組み合わせた軽いバランス仕掛けが大きな特徴で、ダンゴに丸めたグルテン練りエサの自重で底ダテを取ることが釣り方の基本です。

グルテンの配合は人それぞれにレシピがあるようですが、丸める際にグルテンが指先や手のひらにこびり付きにくいようにとマヨネーズなどの油系調味料を少量加えたことは、本家本元のヘラブナ釣りにはないユニークなフナ釣り愛好家の発想でした。特に巣離れブナから乗っ込みブナにかけての春ブナ釣りシーズンになると、探りグルテン釣りに徹する釣り人が増え、この時期特有の寒の戻りや花冷えの急激な冷え込みで虫エサでは手も足も出ない食い渋り時でも威力を発揮してくれます。また、近年では山吹の芯に取って代わるように発泡スチロ

探りグルテン釣りはヘラブナ釣りと同じく2本バリの両グルテンが基本

ール製の親ウキとシモリウキが台頭してきていることなどから、探りグルテン釣りにも新時代が訪れる予感がします。

一方、晩秋から年の瀬にかけてシーズン本番を迎える小ブナのエンコ釣りでもグルテン練りエサがポピュラーになっています。全長数cmの小ブナねらいではドボン釣りや探りグルテン釣りのようにダンゴに丸めることはせず、タナゴ釣りと同様に指先で持った小バリでチョン、チョンと掻くように引っ掛けて少量のグルテンをハリ先にまとめます。

小ブナねらいのグルテンエサは市販品にスタミナドリンクなどの奇抜な集魚材（？）を混ぜる人も多い

基本的には主成分のマッシュポテトが適度にバラけながら集魚効果を発揮し、着底後はハリ先に残ったグルテンの繊維が食わせエサとなるため、小さくエサ付けする小ブナ用にはグルテン量が多くエサ持ちがよいタイプが釣り人に好まれています。また、時には少し練り込んで粘りっ気を出すこともグルテン使いのテクニックのひとつです

仕掛けのバリエーションで遊ぶ

昭和の後期に出版された数々のフナ釣り入門書を紐解《ひもと》くと、先人たちが創意工夫を凝らしてきたバリエーション豊かな仕掛けに驚かされます。これらの中で探り釣り用の定番仕掛けとして現在に引き継がれ、広く使われているのは、中通し玉ウキを連結した標準シモリ仕掛けと、親ウキ・プラス・シモリウキの連動シモリ仕掛けという2つのパターンだと思います。

標準シモリ仕掛けの大本は中通し玉ウキ1個の本シモリで、これが大小2個になると親子シモリと名を変えます。さらに玉ウキの数が増えるごとに三ツ玉、四ツ玉、五ツ玉、六ツ玉といった按配で続き、十に近づくと仏具の数珠にあやかって数珠シモリと呼ばれることは皆さんご存知でしょう。

僕がフナ釣り入門の原稿を依頼される時には、視認性とバランスのよさを考慮してビギナー向けに五ツ玉仕掛けを勧めています。僕自身の仕掛けケースの中には三ツ玉と四ツ玉が大半を占めています。玉ウキの数が少ないほど水中からの情報量は減ってしまいますが、探り釣りの名手、高柳武夫さん（東京勤労者つり団体連合会相談役）はかれこれ10数年前のインタビューの中でこういわれています。

「玉ウキの数が少ないぶん、それだけ水流との交わり方がより自然です。マブナの前アタリは水中に沈ませている玉ウキの部分で察知するのですから余計な数はいりません」

真意をついたその名言には感銘を受けたものです。また、高柳さんは今でもセルロイド製の玉ウキ、略してセル玉を愛用しています。「現代の発泡製の玉ウキなどに比べて浮力が乏しいため、水に馴染みやすくアタリの出方が素直だと思います。それに肉厚で自重があるので振り込みやすい」ということです。

高柳さんの影響を強く受けた僕の釣り仲間にはセル玉ファンが多く、水郷の里川で昭和のレトロな三ツ玉や四ツ玉仕掛けを浮かべて遊んでいます。下町や釣り場近くに店を構える古風な釣り道具屋さんを手当たり次第に回っているのか、もうウン10年前には製造が中止されてしまったはずのセル玉探索の小さな旅も面白いそうです。

一方、立ちウキ仕掛けとシモリ仕掛けをミックスしたような連動シモリ仕掛けは、釣り場や条件を選ばない万能型だと思います。これを考案した先人は流し釣りを意識したそうですが、親ウキとしてバットウキを使った連動シモリ仕掛けが固定化したおかげで、新しいタイプの探り釣り用パターンとして高い人気を誇っています。流れっ川では立ちウキ仕掛けのように操作する流し釣りはもちろん、バットウキをトップ玉ウキと見立てて標準シ

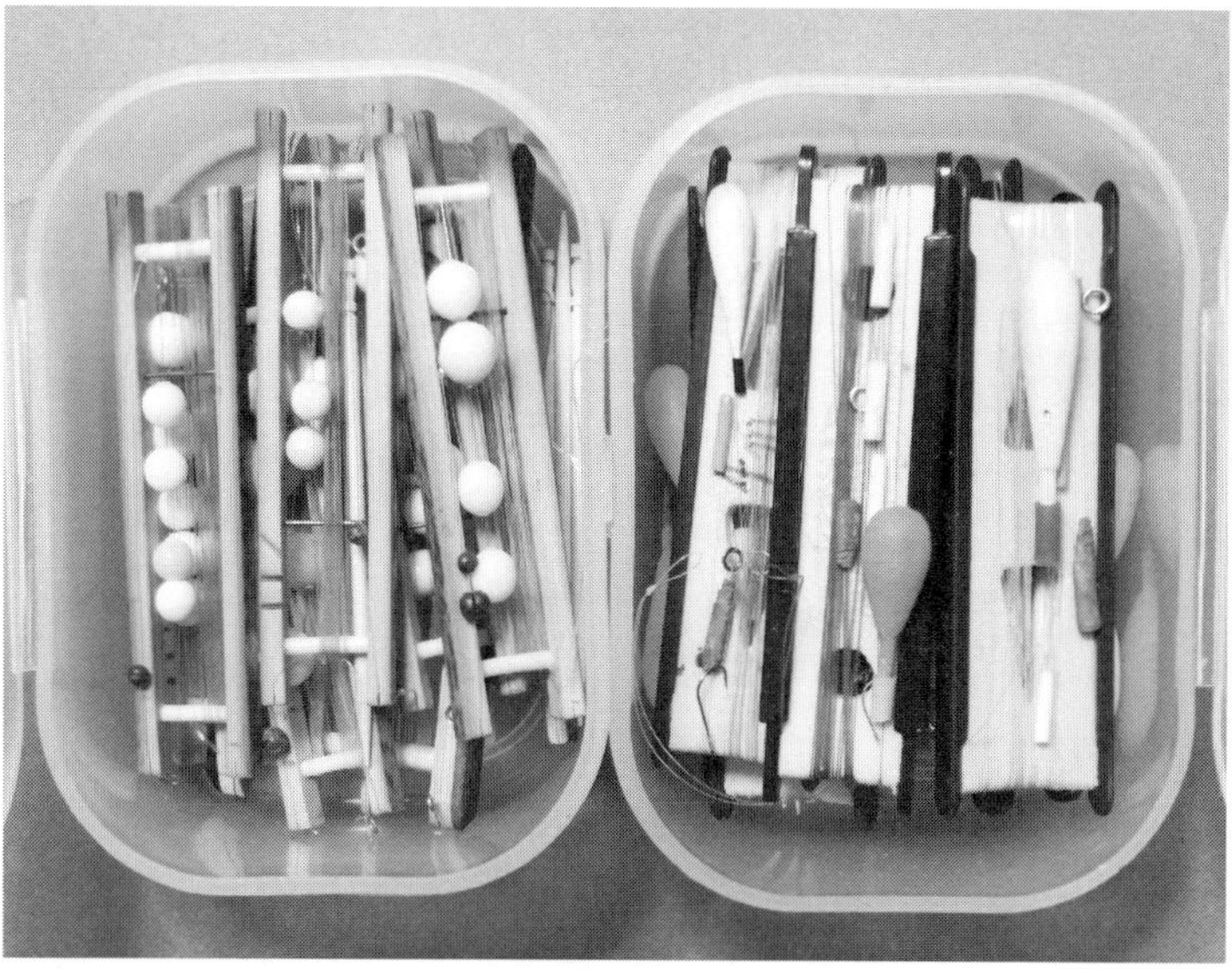

僕の仕掛けケースは100円ショップで買い求めたもの。このワンケースには10数組の仕掛けが収納できるので、釣り場用のショルダーポーチの中には常に40組くらいの仕掛けを携帯している

モリ仕掛けと同じく、水面から水中へと順次シモらせても視認性のよさは抜群です。また、シモリウキの種類は球形やナツメ型の中通し玉ウキの代わりに、ニワトリなどの羽根芯で作った羽根ウキを配列すると、より軽量バランスでアタリ感度のよい仕掛けに仕上げることができるのでぜひ試してみてください。

この連動シモリ仕掛けには欠点らしい欠点は見当たりません。強いていえば、唯一の大きな欠点は「優等生すぎて面白くない」ことです。

浮力調節は遅ジモリとお軽の2パターンが基本

フナの探り釣りに多用されるバリエーション豊かなシモリウキ仕掛けは普通、ウキの浮力よりもオモリの重さが勝り、仕掛け全体が沈むシモリバランスに整えられています。このシモリバランスは沈下速度が速い早ジモリと、ゆっくり沈んでいく遅ジモリに二分されます。

早ジモリのフナ仕掛けは寒中の引き釣りや仕掛け全長を短くして障害物周りをねらうヅキ釣り、流れが速い釣り場に適しているほか、フナ釣り暦の旬を問わず古くからシモリ釣りには好んで使われてきました。でも僕は近年、引き釣りやヅキ釣り仕掛けなどの特殊パターンは別として、一般的な早ジモリ仕掛けを作ることをやめてしまいました。いつも出かける霞ヶ浦水系など、水郷のフナ釣りで愛用している連動シモリ仕掛けとシモリウキ仕掛けのどちらも、浮力調節は遅ジモリバランスを中心にして揃えています。

考えてみてください。早ジモリ仕掛けが欲しい時には、遅ジモリ仕掛けをベースにして増しオモリを加えれば手早く簡単に変化してくれるわけです。早ジモリ用の増しオモリは脱着がしやすいソフトタイプやゴム張りのガン玉があると便利です。僕の場合は大が3B

あたりから小は8号まで、ショルダーポーチの小ものケースに常備しています。

このように遅ジモリ仕掛けがあれば水郷のフナ釣りはほとんど楽しめるのですが、マル秘パターンとしてシモリとは異なる通称「お軽《かる》仕掛け」を忍ばせておくことをおすすめします。お軽仕掛けは、ウキの浮力が勝った軽量バランスの仕掛けパターンの総称です。中通し玉ウキ5、6個を連結したシモリウキ仕掛けの場合は上部の玉ウキが水面から1〜3個出る程度に、連動シモリ仕掛けなら親ウキのトップが少し出て水面に立つくらいの浮力バランスに調節しておくことがキーポイントです。

遅ジモリにしろお軽にしろ、軽めのバランス仕掛けにこだわる理由は、エサをふわふわっと落とし込むほどフナの目に付きやすく、裏を返せば古きよき時代に比べてフナの魚影が半減してしまった今日、それだけアピール度を高めたいからです。水深が20〜40㎝しかないアシ際や変化に乏しい平場の浅場ねらいでも、このスローな落とし込みテクニックは抜群に餌付きがよく、仕掛けが馴染む途中で斜めに引っ張っていく落ち込みアタリが期待できます。また、お軽仕掛けはより軽量バランスですから、長野県諏訪湖の流入河川や神奈川県の湘南エリアなど、水深が浅い流れっ川で川底を引きずるようにトレースする流し釣りに必要不可欠な仕掛けです。このほか、春の巣離れ&乗っ込みの時期、寒の戻りなど急な冷え込みで食い渋りの時にはエサのふわふわ感で就餌を促す効果が高まります。

中通し玉ウキ用の止め芯アイデア

フナ釣りのシモリ仕掛け全般に用いられる球形やナツメ型の中通し玉ウキは、固定移動式で使うために多種多様な止め方が工夫されてきました。僕自身、掃除用のほうきから抜き取ったホウキ草の芯をはじめ爪楊枝、輪ゴム、ニワトリの羽根芯などを試してきましたが、ここ最近は爪楊枝先端部を使った止め芯に落ち着いています。

僕流の止め方として、爪楊枝の先端部を歯で噛むなど軽くつぶして繊維を粗くほぐすことで水分を含んだ時に木の繊維が膨張しやすくして、ストッパー効果を高めています。しかし爪楊枝は乾燥してしまうと、どうしても緩んで抜け落ちやすいのが欠点です。釣り場では仕掛けをセットしたら玉ウキを動かす前に川の水に浸して膨張させておくことと、常にスペアの止め芯を持ち歩く必要があります。

そんなある時、江戸和竿師の一人、根津の竿富こと吉田嘉弘さんと久しぶりにフナ釣りに出かける機会を得ました。残念ながら釣果は期待外れに終わってしまいましたが、本命以上の収穫として竿富親方が実践していた中通し玉ウキの止め方のアイデアをいただきました。こっそりお教えしましょう。

その奇抜な方法とは、セーターやカーディガンなどを編む毛糸を利用した「毛糸ストッパー」です。止め方は二つ折りにした釣り用ナイロンイトを玉ウキの中通し穴に通し、ナイロンイトの輪になった部分に毛糸を引っ掛けて反対側へ引っ張り出します。最後に玉ウキの両端から出た余分な毛糸をカットするだけ。至って簡単です。中通し穴の径に対して毛糸が太すぎる場合は、撚ってある毛糸の繊維を2分の1、3分の1とほぐして細く調節すれば問題ありません。

「玉ウキの中通し穴に毛糸を固定する時は、クックッと少し強めの抵抗があるくらいに負荷をかけて引っ張り出すのが手加減のコツです。毛糸は保水性があるので川の水に浸すと玉ウキを動かした際、その加減が少し固めになります。上下動の締まり具合の調節は指先の慣れでしかありません」

以上は竿富親方のアドバイスです。

ところで、玉ウキの中通し穴の形状にはストレートな円柱形と、爪楊枝の先端部に似たくさびのような円錐形の2通りがあります。竿富親方式の毛糸ストッパーはどちらかというと、ストレートな円柱形の穴が通った中通し玉ウキに好適なように思われます。一方、円錐形の穴をした中通し玉ウキも毛糸ストッパーで止まりますが、しぼんだ小径側の一点固定なので上下動の固さの調節が難しく、毛糸ストッパーが抜けやすい心配もあります。

僕は今のところ、円錐形の穴が通った玉ウキには従来どおりの爪楊枝ストッパーを採用し、それぞれの止め芯を使い分けようと思っています。皆さんもお試しください。

中通し玉ウキの毛糸止メ

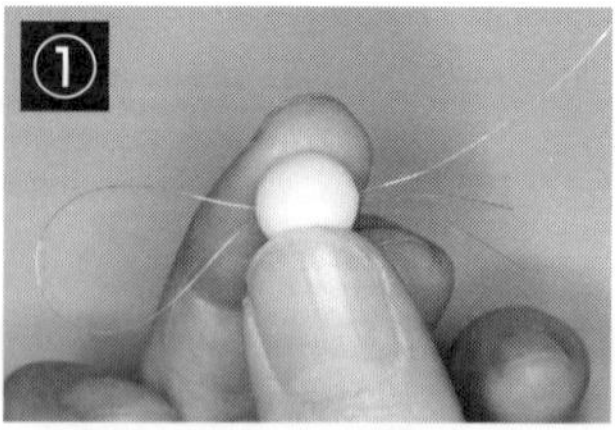

①基本的にはミチイトにセットした玉ウキの中通し穴へ、二つ折りにした長さ5～6cmのナイロンイト（1.5～2号）を途中まで通したら……

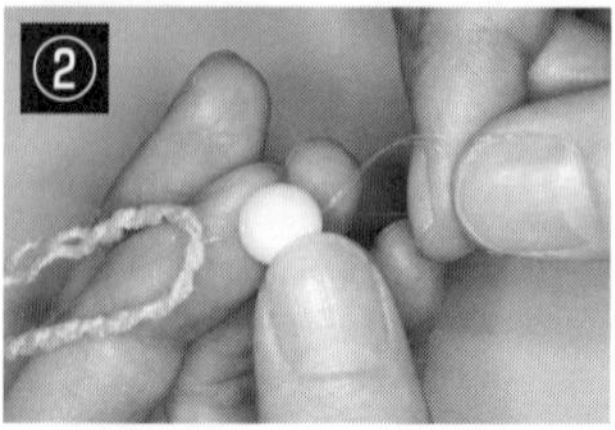

②ナイロンイトの輪になった部分へ毛糸を通す

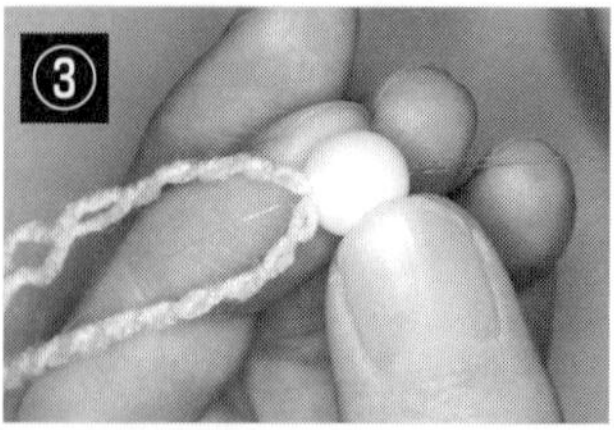

③毛糸を通したままで2本のナイロンイトを引っ張る。毛糸は二つ折りの状態で中通し玉ウキの中通し部分に引き込まれていく

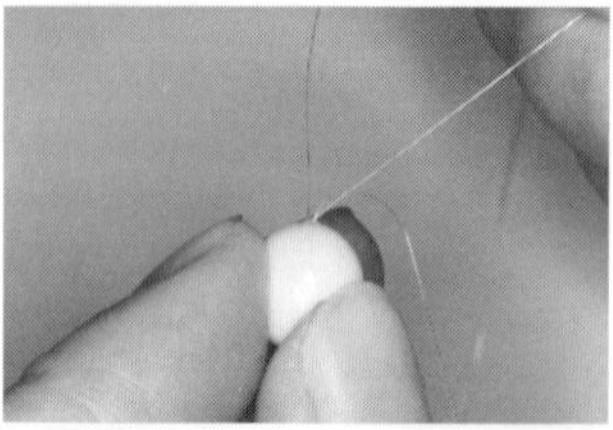
毛糸が反対側から出る寸前で引っ張るのをやめる（出てしまっても特に問題はない）

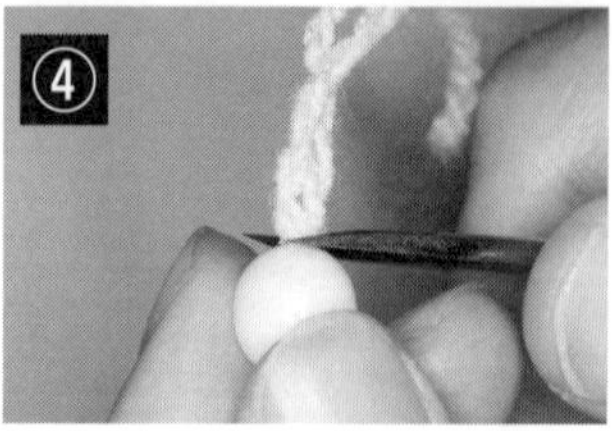

④ナイロンイトの一端を引いて外し、余分な毛糸をカットする。さらに千枚通しなどを利用して毛糸の端を押し込んでしまうときれいに仕上がる。玉ウキをスライドさせる時の固さ加減は、毛糸を通す前に撚ってある繊維（束）を2分の1、3分の1とほぐして調節するとよい

袖バリに始まって袖バリで終わるのか

海水、淡水を問わず小もの釣り好きで袖バリを知らない、使ったことがないという方はまずいないと思います。万能バリとして定評が高い袖バリの号数は、メーカーによっては0・3号の極小から12、13号の大バリまでラインナップされています。もちろんフナ釣りにも最良のハリだと思います。号数を使い分けることで四季を通じてフナ釣りを楽しんでいる釣り人もたくさんいます。たとえば春の乗っ込みシーズンなど尺上を含む良型ブナが期待できる時期は5、6号中心で対応し、中小型ブナが多い秋以降のシーズン後半戦には1～4号を多用するのが一般的でしょう。

僕のフナ用ハリケースには一応これと同じ基本どおりの袖バリのラインナップが収納されています。でもクセなのか3号にはあまり手が伸びず、いつも売れ残っています。その代わり、3号をまたいで表示的には2分の1サイズが大きい3・5号をよく使います。2号以下はどうかというと、小ブナねらいの小さな号数の範ちゅうに入り、実に微妙です。全長5～7㎝の小ブナがよく釣れるポイントで、時折10㎝前後の小ブナの兄貴がまじる時には迷わず袖バリ2号を選びます。反対に3、4㎝のミニブナが混じると話は別で、ハリ

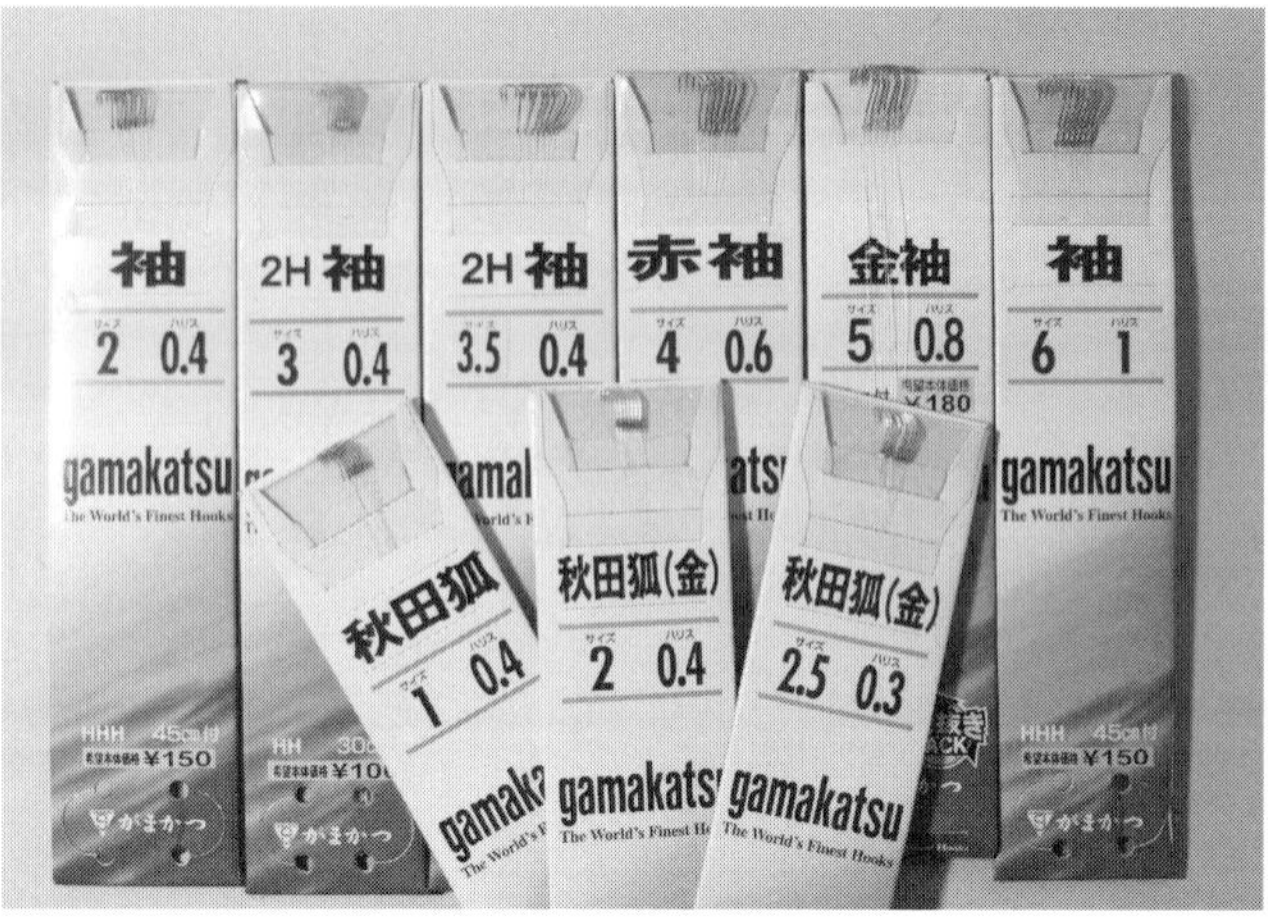

僕のハリケースには常時、袖バリが２～６号の５号数分と、
秋田袖１～2.5号の３号数分がそれぞれ収納してある

型を変えて秋田キツネの1・5〜2・5号にスイッチするパターンが多くなります。

フトコロが広い袖バリは確実なハリ掛かりを約束してくれると同時に、多少大きなフナが掛かってもバラシを最小限に押さえることができるのが長所です。一方の秋田キツネはフトコロが狭いがために、小ブナの兄貴サイズが掛かると首のひと振りでバレてしまう確率が高いのですが、その半面ミニブナへの適応性に優れています。

そんなわけでミニブナ専用の小バリとしては秋田キツネの1、2、2・5号のほか、師走の時期エンコ釣りでねらう豆ブナねらいとしてタナゴバリの半月&新半月あたりも忍ばせてあります。ハリは用意周到、これがキモです。

仕掛け作りは文明の利器を活用すべし！

釣り姿を見なくても仕掛けを拝見させてもらえばその人の技量が分かるといいます。釣りのどんなジャンルでも、名人上手と呼ばれる人の仕掛けの出来栄えは見事なものです。結び目など端イトの処理、全体的なバランス、均等な仕掛け作り……見習うべきことがたくさんあります。

六十路に近づいた僕ですが、若い時分からアユの友釣りや多段シズを使ったハエ（ヤマベ）のスピード釣法などをかじってきたおかげで、現在でも老眼鏡や眼鏡屋さんが使うようなヘッドルーペを併用すればどんなに細かい仕掛けだろうが、タナゴバリのハリ結びだろうが全く苦になりません。でも情けないことに予想以上に指先がいうことを聞かなくなってきているので、仕掛け作りの作業を補助してくれる文明の利器は大いに活用していま す。現在は谷山商事から発売されているアルファビッグのアイデア製品が僕のお気に入りです。その中でも、フナをはじめ淡水小もの釣り仕掛け作りには絶対欠かせないのが「8の字フック」と」「ハイテク・チチワニードル」です。

このコンビアイテムを操ることで、サオのヘビ口にぶしょう付けで仕掛けを接続するための大小チチワ作りのほか、丸カンやフック式ハリス止メに引っ掛けるチチワ付きハリスなどを作る時にも重宝します。チチワの大きさをそろえるとか、極小チチワ作りはお手のものですし、短時間で均一な仕掛けの量産が可能です。

もうひとつ、釣りイトを張った状態で仕掛け作りを行なうことができる「ラインホルダー」も昔から使い込んできた相棒です。これはアユ釣り仕掛けに多用される編み付けが得意中の得意で、10～15年前に「ズームロッドには重宝するだろう」と編み付け式の長短自在なフナ釣り仕掛けを試みました。ところが従来どおりのサオの全長別仕掛けのほうが使いやすいことが判明し、アイデア倒れでボツにしました（笑）。ここ最近では、グルテン練りエサのフナ探り釣りに適したハエウキの連動シモリ仕掛け作りにちょくちょく使っています。親ウキのハエウキをセットするにはウレタンチューブを利用し、ウキ下が調整できる移動式の両編み付けウキ管が便利で、この編み付け作業にはラインホルダーが欠かせないサポート役を果たしてくれます。

また、ミャク釣り仕掛けにセットする移動式目印を編み込むこともいたって簡単です。編み付け素材には、アユや渓流用に市販されている化学繊維イトを用います。作り方はラインホルダーにミチイトをピーンと張っておき、化学繊維イトで交互に3、4回、計6～8回編み込んで、最後に片結び2回で止めて片編み付けにします。端イトは5～10㎜余りを残して視認性を高めます。

この移動式目印は他の項目で紹介しているハゼやタナゴのミャク釣り仕掛けに多用しているほか、フナ釣りでも排水などの予期せぬ増水に見舞われウキ仕掛けが役に立たないケースを想定して、ミャク釣りの隠し仕掛けとして忍ばせています。

見た目に美しい仕掛けに込められた創意工夫は、すべての釣りを楽しむうえで大切な要素のひとつです。

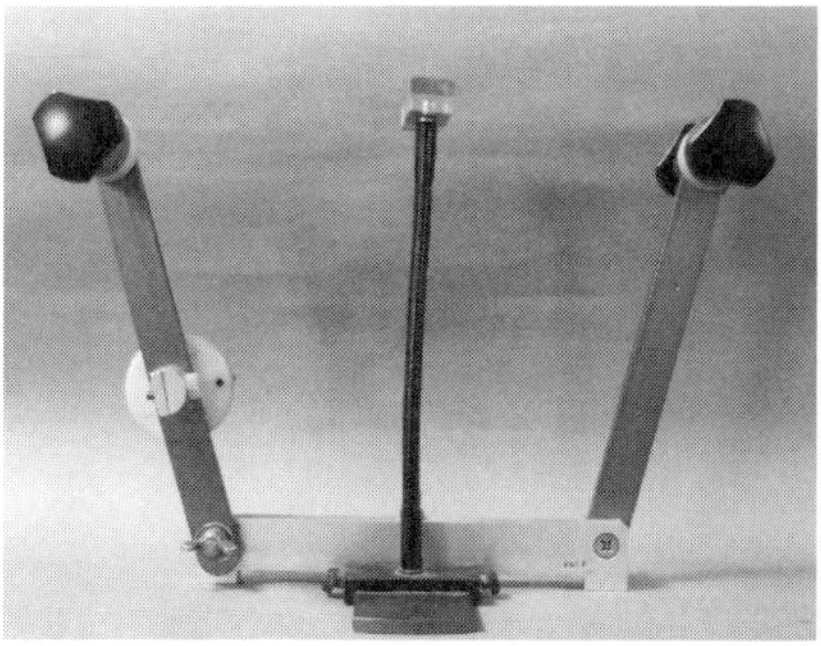

かれこれ20ウン年、繊細な仕掛け作りのサポートをしてくれているラインホルダー

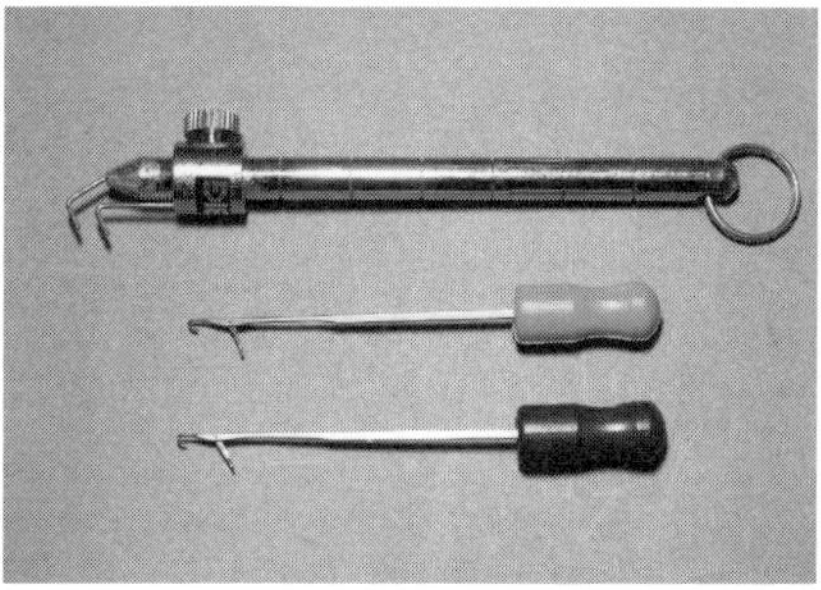

僕の淡水小もの釣り仕掛け作りに絶対欠かせないのがこの「ハイテク・チチワニードル（上）」と「8の字フック」

竹製仕掛け巻きに2本バリを上手に収納するコツ

竹ザオ使いの探り釣りファンは竹製の古風な仕掛け巻きにこだわる方が多いものです。真竹、黒斑竹、ゴマ竹、スズ竹製などのほか、竹以外で超高級品の象牙製もあります。竹製仕掛け巻きには普通、上下の枠とその間にハリを引っ掛ける細い竹ひご（または金属線）が渡してあります。下バリの1本バリ仕掛けはすんなりと巻けても、上下バリ式・下バリ振り分け式の2本バリ仕掛けを巻き込んでおくのは苦手です。

でもご安心あれ。左図のようにすればうまく仕掛けを収納できます。上バリが上下の竹ひごに当たってしまう時は下バリを固定する位置を移すことで大半が解消できます。下バリ振り分け式の場合も同じ要領で、長ハリス側のハリを固定したら逆方向から回してきた短ハリス側のハリをミチイトに引っ掛ければいいわけです。

上バリ1本の捨てオモリ式仕掛けも意外と竹製の仕掛け巻きに巻きづらいですが、これも問題ありません。竹芯2本の上下に切ってあるイト止メ用のスリットに、仕掛けの捨てイト末端の丸カン（またはオモリ止メ用の結びコブ）を固定することがキーポイントで、あとは同じ要領で逆方向から回してきた上バリをミチイトに引っ掛けるだけです。

２本バリ仕掛けの上バリを上手に仕掛け巻きにセットする方法

① 任意の杭にハリを掛ける

② 上バリのところまで仕掛けを巻いていく

③ さらに仕掛けがズレないように数回巻いた状態。このとき上バリのハリスは仕掛け巻きの表側、ミチイトは裏側に回っている

④ 上バリのハリスはミチイトと逆巻きで折り返し、ハリのフトコロにミチイトを引っ掛ける

⑤ フトコロを起点にミチイトを今までと反対側に巻いていく。これで上バリもブラブラすることがない

⑥ 仕掛けをすべて巻き込んだ状態

※④で上バリの位置が悪い場合には…
ハリスの長さによっては上バリを折り返したときの位置が悪いことも考えられる

上バリの軸が仕掛け巻きの杭にあたって具合が悪い

最初に下バリを掛ける位置を変えるか、巻き始めの方向を変えることで対応

49　壱ノ扉　フナ釣り―鮒に始まり鮒に終わる奥深さに触れる

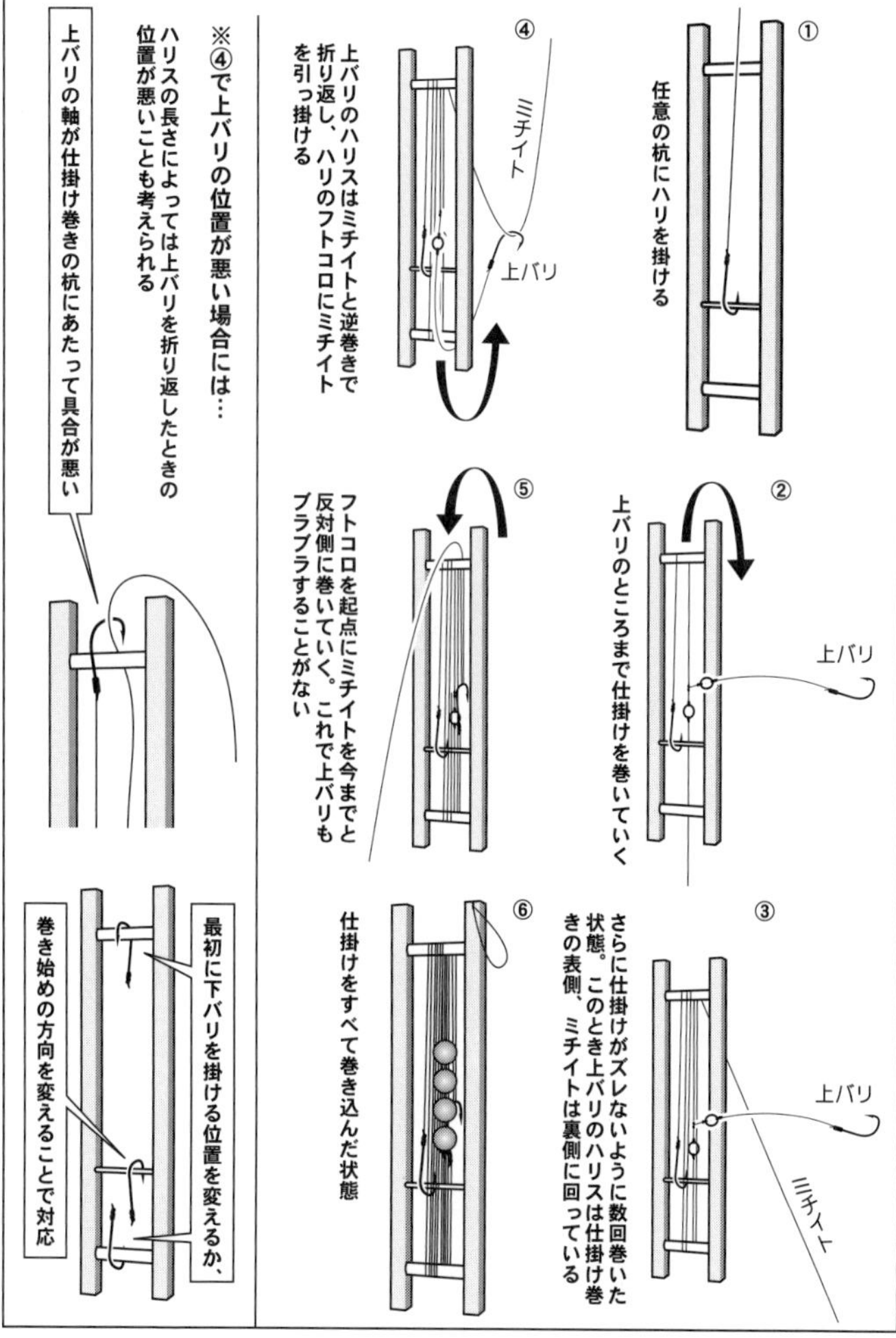

弐ノ扉

タナゴ釣り――
止水と流れっ川、
それぞれのキモ

霞ヶ浦水系のドック周りには独特の「縦社会」がある

平成21年（2009年）、熊谷正裕さんとタッグを組んでスタートした月刊『つり人』誌上連載「日本タナゴ釣り紀行」。この取材で全国各地のタナゴ類の生息水域を探訪した僕は、それまでのタナゴ釣り人生の常識を覆すほど大きな衝撃を受けました。

東京の下町生まれの僕が小学生時代から付き合ってきたタナゴといえば、オカメタナゴ（タイリクバラタナゴ）とマタナゴの2種類。いや、江戸前でいう俗称のマタナゴにはヤリタナゴ、アカヒレタビラ、タナゴの3種が含まれるので正確には4種類でしょうか。さらに立派な（？）大人になってからは、霞ヶ浦水系では移入種のカネヒラと近年のオオタナゴも加わり、関東エリアでは6種類のタナゴに遊んでもらっている勘定になります。

さらにタナゴ釣り紀行では、初めての土地を訪れる度に今まで水族館でしかお目にかかれなかった珍しいタナゴたちに出会える機会を得て、最終的には現在の日本で釣ることが可能なタナゴ類全15種をカメラに収めることができました。

タナゴ釣り行脚ともいえるこの貴重な取材を通して痛感したのは、僕たちが普段から愛してやまない身近な存在の霞ヶ浦水系が、実は全国に類を見ない特異なタナゴ釣り場であ

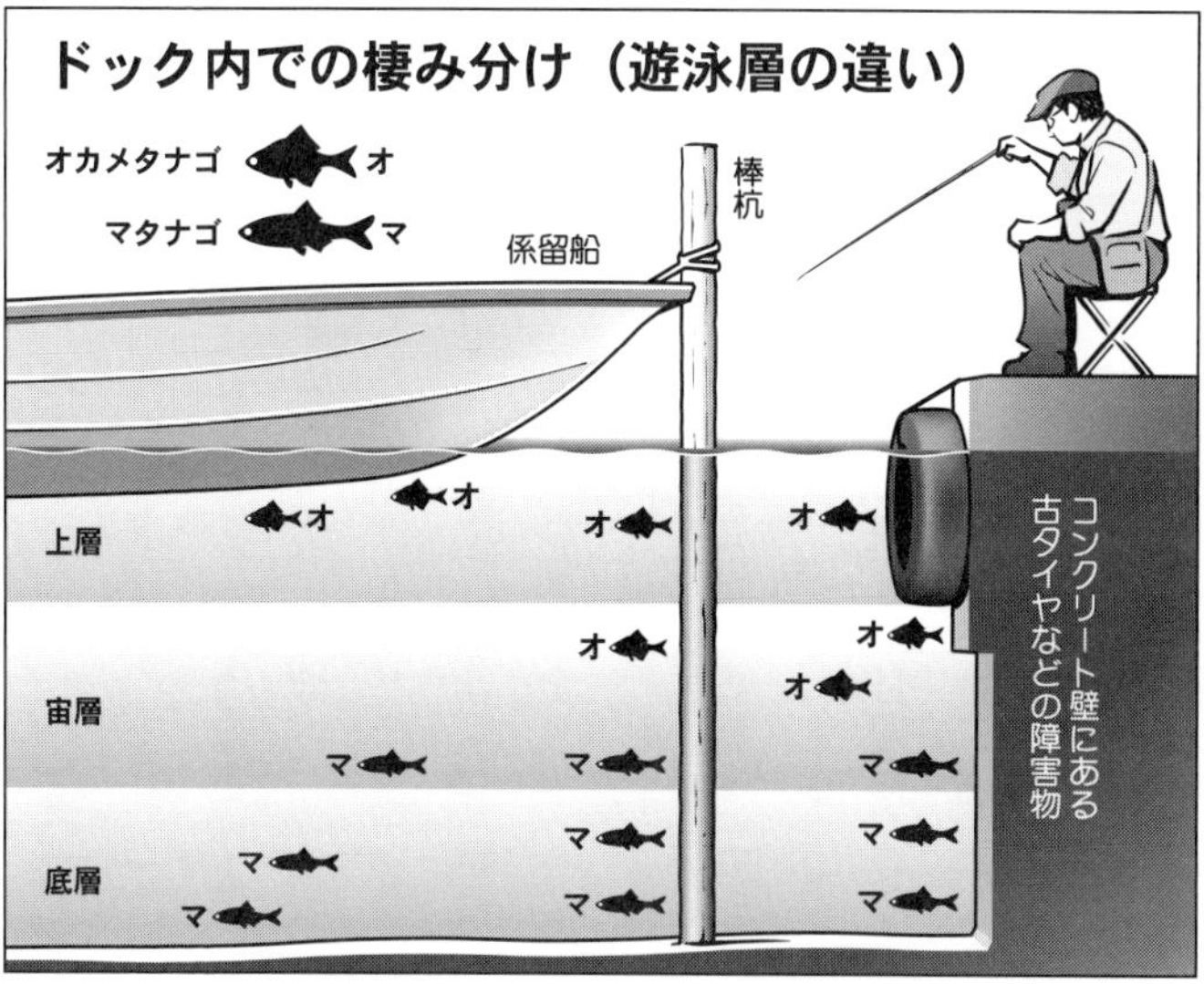

るという事実でした。

そのひとつに霞ヶ浦や北浦の要所要所に点在する小さな漁港、船溜まりのドックの存在があります。近年は不振が続いて嘆かわしい限りですが、このドック周りこそオカメタナゴの数釣りが栄えた江戸前流の寒タナゴ釣りの本陣（本場）といえるでしょう。水深が深く水温が低いなりに安定している冬のドック内は、止水を好むオカメタナゴだけではなく、昔から霞ヶ浦水系の主として棲み付いてきたマタナゴにとっても格好の越冬場所です。マタナゴが同居する確率の高いドックは大小の流入河川が隣接している場所に多く、これは河川で生まれ育った個体の行き来が期待できるからだといいます。

関東のマタナゴ3兄弟の中でも、特にアカヒレタビラがドックに入り込んでいるケースが多いように思われます。

水深が1m前後あるドック内では、この両者の間に序列があるのかどうか分かりませんが、面白いことに縦社会のような遊泳層の棲み分けが見られます。水面近くの上層から宙層にかけてはオカメタナゴが独占し、その下の深宙から水底までの底層はマタナゴの支配層になっていることがほとんどです。釣り仲間数人とドックに出かけると誰かが決まって「オレは宙層のオカメねらいで数釣り勝負に出るよ」と偉ぶる一方、「僕はアカヒレの顔を拝みたいから底近くの深ダナをじっくり攻めてみるよ」などと意見が分かれます。皆それぞれ好みの遊び方で楽しめるのもドック周りの寒タナゴ釣りの大きな魅力でしょう。

霞ヶ浦水系における遊泳層の棲み分けは、ドック周りのほかにも止水またはわずかに流れが伴うホソでもたまに見受けられます。ポイントは小水門周りや小橋下の暗渠《あんきょ》周りなど、水深の深い溜まり的な個所が目安になります。ドックと同じく、ここでもオカメタナゴが上層に集中し、マタナゴは下層に居着いています。また、大小の流入河川と流れがつながっているようなホソなどではアカヒレタビラ、ヤリタナゴ、タナゴと、マタナゴ3兄弟が入り交じって釣れることもあります。ただし水深の浅いホソではこのような遊泳層の棲み分けはないので、念のため。

船溜まりのドックの釣りは滋賀県の琵琶湖の一部でも可能ですが、タナゴの魚種が違えば環境も違います。霞ヶ浦水系のようなシチュエーションは日本全国広しといえども他に存在しません。そして、ドック周りの寒タナゴ釣りを夢見て遠路はるばる訪れる若いタナゴ釣りファンも年々増え続けているようです。

〝釣れない霞ヶ浦〟は、今も大にぎわいです。

ドックの中ではオカメタナゴよりも下層に生息しているマタナゴ3兄弟・アカヒレタビラ

霞ヶ浦の寒タナゴはやっぱり、船溜まりのドックで釣りたいもの！

基本中の基本！　流れっ川のタナゴウオッチングを楽しむ

前述した「日本タナゴ釣り紀行」の取材中は、仕事を忘れるくらいに楽しい実釣とともに、未知なる体験を通して数多くのノウハウを学びました。なかでも川のタナゴ釣りは僕にとって大きな収穫でした。東日本から西日本まで各地方を代表するタナゴ類の生息水域を見回しても、霞ヶ浦水系に肩を並べる巨大な止水域は琵琶湖のみです。止水といえばあとは各地に点在する溜め池くらいのものですから、釣り場としての主力は、流れの強弱や水色等はどうあれ、流速が伴う河川や水路群ということになります。この川のタナゴを釣り歩いているうちに、比較的透明度が高い中小の河川や水路を泳ぎ回るタナゴたちを目で追う「流れっ川のタナゴウオッチング」で観察力を養うことができました。

そうです、タナゴウオッチングができないと川ではタナゴに出会えるチャンスが激減します。慣れないうちはそれこそ川底まで透き通るクリアな水色でも捜す範囲や場所の見当がつかず、なかなかタナゴの姿を見つけることができません。ところが一度ヒントとコツが分かってしまうと、タナゴウオッチングは意外と簡単であることに気がついたのです。それは……、考え方は実のところ渓流釣りや清流釣り、アユの友釣りにおけるポイント選びの川見と全く同じです。

こう切り出すと、即座に「あ、そうだったのか」とうなずかれた方もいると思います。いくら急流に強いヤマメやアユとはいっても、四六時中、全身とヒレを必死に動かして泳ぎ続けるのは困難です。基本的には複雑な川の流れの中から流勢が弱まって定位しやすいスポットを選んでいるはずです。これを流れっ川に棲むタナゴたちに置き換えると、過ごしやすい場所とは流れに変化があることです。全体的な川相でいうと直線的な流れよりもカーブの部分、底状を比べると平坦よりもカケアガリや凹凸部といった按配です。

さらに流速の強弱で見ると流心を避けた流心脇のほうが定位しやすく、川底に点在している大小の石周りにも流速が緩やかな個所が形成されます。また、水中になびく流れ藻や水面に浮かぶ浮き草周りも隠れ家兼付き場になっています。

このようにタナゴが過ごしやすい場所は、イコール・エサ場ということです。そしてもうひとつ、タナゴ類は二枚貝を利用して産卵を行なう習性がありますから、タナゴたちが集まっている近辺の流域には少なからず二枚貝が生息している確率が高いのです。砂泥や砂礫などの川底にナメクジが這ったような足跡（？）をたどると、その先に二枚貝がちょっぴり顔を出していることもままあります。これもタナゴウオッチングの楽しみのひとつで、タナゴの居場所発見の目安にもなります。

流れの透明度が高くて川底まで見通せる条件の場合には、気持ちよさそうに泳ぎ回るタナゴの姿や、水草や物陰などに寄り添ってじっと定位している数尾の群れなど、タナゴたちの行動が手に取るように確認できます。こうなるともう面白くてたまりません。特に秋シーズンに産卵期を迎えるカネヒラのオスの豪華な美しさは格別で、水中で激しく繰り広げられる熱烈なラブアタックに遭遇するとサオをだすのもそっちのけで夢中になります。

また、タナゴは種類によって習性や遊泳力に違いがあります。同じエリアの流れの中でもそれぞれ付き場を棲み分けていることにも気付くと思います。在来種のタナゴ類の中では分布域が広いヤリタナゴは、どこでも比較的流速が強いスポットを占領しています。タナゴの種類が豊富な九州北部地方を例にあげると、ポッチャリとした体型のアブラボテは遠慮気味に水草のじゅうたんの中を出入りしている感じです。一方、カゼトゲタナゴもよくヤリタナゴと同じ流域に見られますが、こちらは平べったい体型のせいで流れに負けてしまうのでしょうか、ヘチ寄りの浅く弱い流れをテリトリーにしているようです。

と、ここまではタナゴの姿が確認できる透明度が高い流域での話でしたが、透明度が乏しく川底まで見通せない流域のポイント捜しにおいてもタナゴウオッチングの観察力は応用できます。水門や橋脚、水草といった目立つ目標物は別として、フラットにしか見えない三面コンクリート水路でもよくよく観察すると、水面に大なり小なりシワのような流れのヨレが読み取れるはずです。その下の川底には石や流れ藻などの障害物があったり、川底の凹凸の変化で水面のヨレができている公算が高い……というわけです。

釣り場の大局を把握するには湖に流入している河川の河口付近から支流、水路とたどって丹念に川見をすることも大切だ

川底に見えるナメクジが這ったような足跡は二枚貝の移動ルート

釣り場捜しは仲間とタッグを組んで

毎年、というよりもシーズンごとに大きく居場所が変わってしまうタナゴの魚影を求めて、あちらこちらを見て回る釣り場捜しは胸が躍るものです。

僕にとって霞ヶ浦水系はタナゴ釣りばかりではなくフナにワカサギ、テナガエビと旬のターゲットを追いかけて一年中楽しんでいるホームグランドですが、湖岸を取り巻く土手下のホソ群や各所にある船溜まりのドックの見慣れた風景も、四季それぞれで印象は大きく変わります。ですから毎度のこととはいえ、釣り場捜しは気合いが入ります。

難易度が高いタナゴの釣り場捜しを効率よく行なうには、その日に探索する釣り場の範囲を決して欲張らないことと、必ず釣り仲間数人とタッグを組んで釣行することの2点がキーポイントになります。

北浦を例に挙げると、南岸と北岸の細長い水域に切った後、さらに縦に4等分のブロックに分けるといったように当日見て回りたい釣り場範囲とスケジュールを決めて行動しないと、無駄な時間が過ぎるばかりでらちがあきません。また気の合った釣り仲間数人とタナゴ捜索隊を編成することで観察力は何倍、いや何10倍にもパワーアップされます。釣り場の善し悪しやヒラ打ちなどの魚影の有無といった調査も、単独行とは違って十人十色の観察眼ですから心強いものがあります。たとえば土手下のホソの一区間を手分けして調べた結果、仲間Aが「タナゴはいないみたい」とダメ出しをしても、仲間Bは「あの小水門周りはくさいね」と少しニュアンスの違う判断を下すかもしれません。このような場面に出くわしたなら、いっそのこと数人で入釣ポイントを変えてサオをだしてみるほうが手っ取り早く、ものの30分で答えが出るはずです。この時点でもしタナゴの型を見なくても、仲間Cが「タナゴの魚影はありそうだから水温が上がる午後から時間差攻撃してみないか……」などのリクエストで、スリーセブンの大当たりが飛び出すパターンもままあります。

これぞ「三人寄れば文殊の知恵」、おあとがよろしいようで！

タナゴザオの長短はどれだけ必要？

タナゴザオの長短の選択は、釣り場の規模や状態を基準にするというよりも、自分が選んだポイントをどのように攻略したいのかがカギを握っていると思います。

たとえば、あまりにも有名な霞ヶ浦湖岸に点在している船溜まりのドックの場合、ヘチ際の浅ダナに群れているオカメタナゴを専門に釣るには60～80cmの短ザオで間に合います。しかし目の前にプカリプカリと見え隠れしている沈船周りをねらうとなると、あと10～20cm長めのサオが欲しいところです。さらに目先を変えて、沖めに浮かぶ係留船の船陰の下層にアカヒレタビラなどのマタナゴが隠れていそうなときには、それなりの長ザオが必要になってきます。

このようにタナゴ釣り場のいろいろなシチュエーションを考慮すると、必然的にタナゴザオの長短はそろえておくべき、というか、そのほうが現場で悩むことなくズバリその場で使いたい全長のタナゴザオを選び出すことができるというものです。

霞ヶ浦水系の船溜まりのドック周りや、土手下のホソが主な釣り場になっている江戸前流のタナゴ釣りには、昔から8寸元（約24cm）の竹ザオが定寸とされてきました。したがって継いだ際のすげ込みの長さを差し引いた計算でサオの全長を20㎝刻みでそろえていくことが一応の目安といえます。この竹ザオの定石は少なからず現在市販されているカーボン&グラス製の小継ぎタナゴザオにも採用されているので、同じく20㎝刻みによってサオの長短を買い求めることを推奨します。

タナゴザオのそろえ方ですが、霞ヶ浦水系に代表される止水域のオカメタナゴ（タイリクバラタナゴ）を中心にしたエンコ釣りの場合、サオの全長は80㎝（竹ザオ4本継ぎ）、100㎝（同5本継ぎ）、120㎝（同6本継ぎ）という長短3本の出番が多いことは確かです。しかし、これだけでは不安が募ります。小場所用として全長50～60㎝のミニザオを忍ばせるとともに、反対に150～160㎝や180㎝級の長尺バージョンも準備しておきたいものです。

ところが全国的に人気が高い流れっ川のタナゴ釣りと、湖岸のタナゴ釣りが加わると話は別です。タナゴザオのラインナップは長ザオを中心にして膨らんでいきます。ちなみに全長3ｍを超える振り出しの長ザオにはタナゴ専用ザオがなく、清流&渓流用あるいは淡水万能用といった振り出しザオを流用することになります。振り出し長ザオの仕舞い寸法は20㎝刻みのタナゴザオよりも長く、30～40㎝刻みで長短ザオをそろえている製品がほとんどです。

中小の河川や水路群などを流し釣り主体でねらう川タナゴ釣りには、前記と同じスペックに相当する120～180㎝級のタナゴザオのほかに、2・1、2・4、2・7、3mのうち中抜きで長短2、3本を追加することで90％の釣り場をカバーできると思います。もしも仮に、川幅が20m以上もある大きな川を釣る場合にはサオが短かすぎるのでは？　という不安と疑問が生じるかもしれませんが、タナゴ類は流速が速い流心部を避ける習性があるので、ねらうポイントは岸近くの比較的穏やかな流れを中心にすればよいのです。大川にかざすとマッチ棒にしか見えない短ザオでも、まず支障はありません。

これで一応話がまとまったかのように見えますが、湖岸のタナゴ釣りが加わるとさらに長ザオの数が増えてしまいます。タナゴの仲間が釣れる巨大な湖沼といえば関東の茨城・千葉両県にまたがる霞ヶ浦水系の霞ヶ浦と北浦、そして滋賀県に広がる琵琶湖です。霞ヶ浦水系は近年、湖岸に続くコンクリート護岸からの陸っぱり釣りでオオタナゴを中心にしたタナゴ五目釣りの人気が定着しました。略して「湖岸タナ五」。実は僕のコピーですが語呂がいいでしょ?!　湖岸タナ五に最適なサオの長さは、水温が高い春から秋にかけてのスリーシーズンなら3m止まりのサオで充分ですが、ウインターシーズンの深場ねらいになると全長4・2～5・3mのロングロッドでないとポイントまで届きません。

一方、琵琶湖に点在している漁港やその周辺の陸っぱり釣りでは、秋になるとカネヒラ

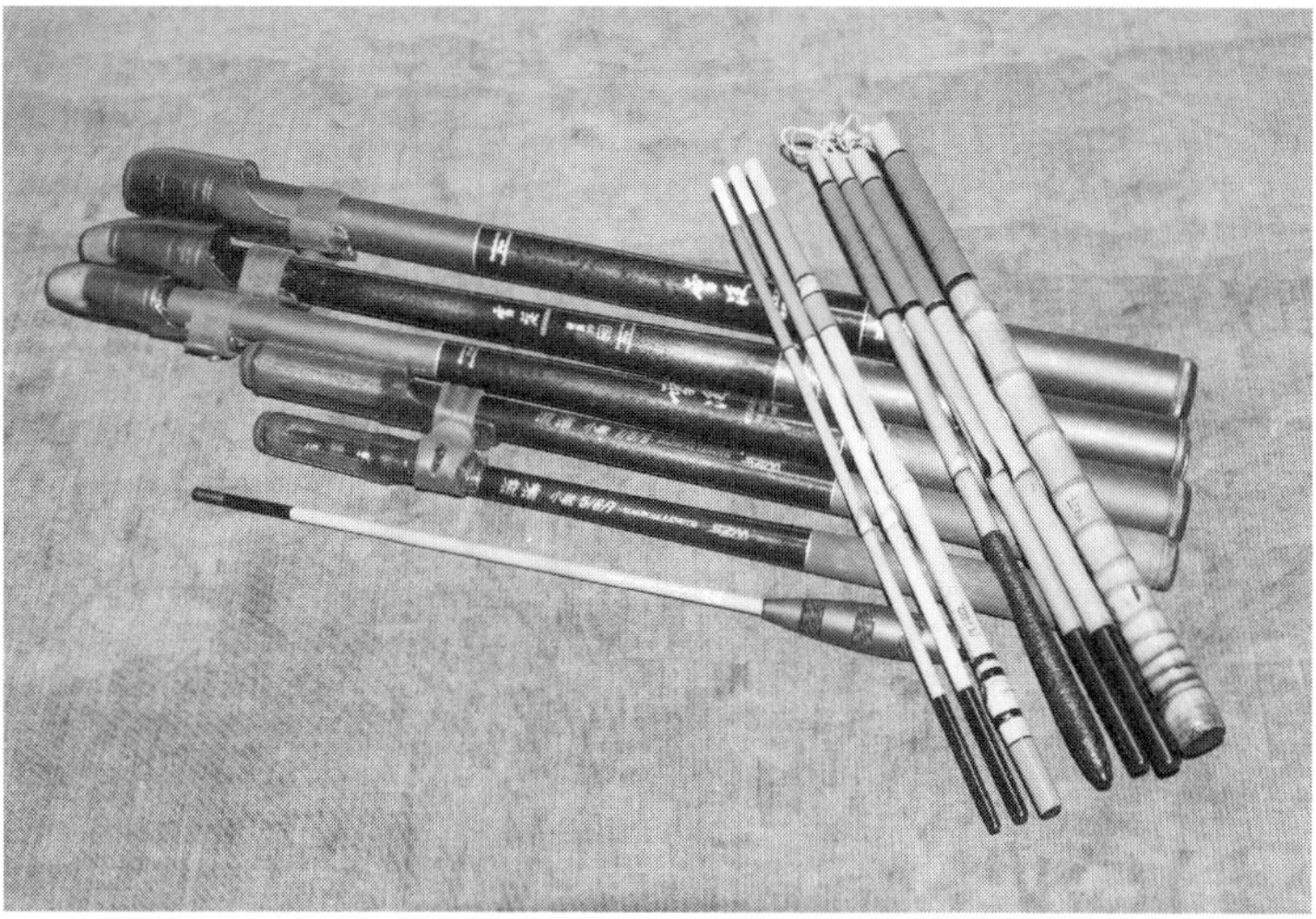

日本全国オールシーズンのタナゴ釣りには、小継ぎの短寸和ザオから
カーボン＆グラスの振り出し長ザオまで必要

がトップシーズンを迎えます。湖水は透明度が高く、ゴージャスな装いをまとったオスのカネヒラを目で確認しながらの釣りは刺激的ですが、漁港の外壁越しにねらうにはやはり4・2〜4・5m級の長ザオがぜひとも必要です。

現代版のタナゴ釣りシーンを追いかけてみると、いやはや容易ならざる事態になりました。全国のタナゴ釣り場をまたにかけて釣り歩くとなると、50〜60㎝のミニザオから果ては5・3mのロングロッドに至るまで壮大なラインナップが必要になることが判明した次第です。

ズームロッドの穂先は回転トップでバージョンアップ

前項では触れませんでしたが、熊谷正裕さんとコンビを組んだ「日本タナゴ釣り紀行」遠征釣行の際に持ち歩く僕のタナゴザオのラインナップは一応決めてあります。

全長2m以内のタナゴザオは手に馴染んでいる竹ザオの範疇《はんちゅう》です。替え元付きの5寸元（約15cm）7本継ぎで最短ザオの50、60、70cmを継ぎ替えているほか、定寸の8寸元（約24cm）ザオは同じく替え元付きのタナゴザオ2組を使って2mザオまでそろえることができます。実のところ、関東エリア以外の地方のタナゴ釣りでは100cm以内の短ザオの出番はごく希なのですが、江戸前タナゴファンのせめてもの見栄、とがめないでください（笑）。

以前はこれらのタナゴ用和ザオと併せて、流れっ川を中心としたラインナップとして全長1・5〜2・7mをそろえた尺2寸元（約36cm）の軟らかい小ブナザオの組みザオを持ち歩いていましたが、最近は道具の取り扱いが楽な小継ぎカーボンザオに切り替えました。それも、3段式ズームロッド2本で1・5〜2・7mザオをカバーしてしまったのだから、すごいでしょ⁈ といっても無精を決め込んだわけではありません。日本タナゴ紀行のスケジュールは九州北部遠征でも2泊3日しかないのです！　釣行中にはそれこそ一場所数10分刻みのラン&ガンでタナゴの居場所を探っていくこともあります。貴重な時間を節約する意味も含めて、座が落ち着かない釣りには竹ザオ特有の優しい釣り心地をあきらめたというのが真相です。

話がそれました。タナゴ釣り紀行を重ねていくうち、ヤリタナゴとかカネヒラなどが好むような中小河川や水路群では、水面がざわつく清流相の平瀬やトロ瀬をねらうことが増えてきました。そんなときに気付いたのが穂先部分へのイト絡みです。仕掛けはていねいに下手から送り込んでいますが、振り込み回数も多くて少し荒っぽい流し釣りを余儀なくされるためでしょうか、ときどきふと天井を見上げると穂先の途中から仕掛けが出ている始末です。

早速、穂先先端部のヘビ口改良作戦に乗り出しました。考えるまでもなく手はひとつしかありません。渓流ザオやアユの友釣りザオなど、最新の振り出しロッドには必ずセットされているイト絡み防止用の回転トップに付け替えてしまうことです。

懇意の釣具店に相談すると「市販品の振り出しザオ用回転トップの径は大小豊富ですから問題ありません」とのこと。そこで愛用の3段式ズームロッド2本用に選んだのは、使い慣れたリリアン付きの回転トップでした。仕掛けがたまたまサオにまとわりついたとし

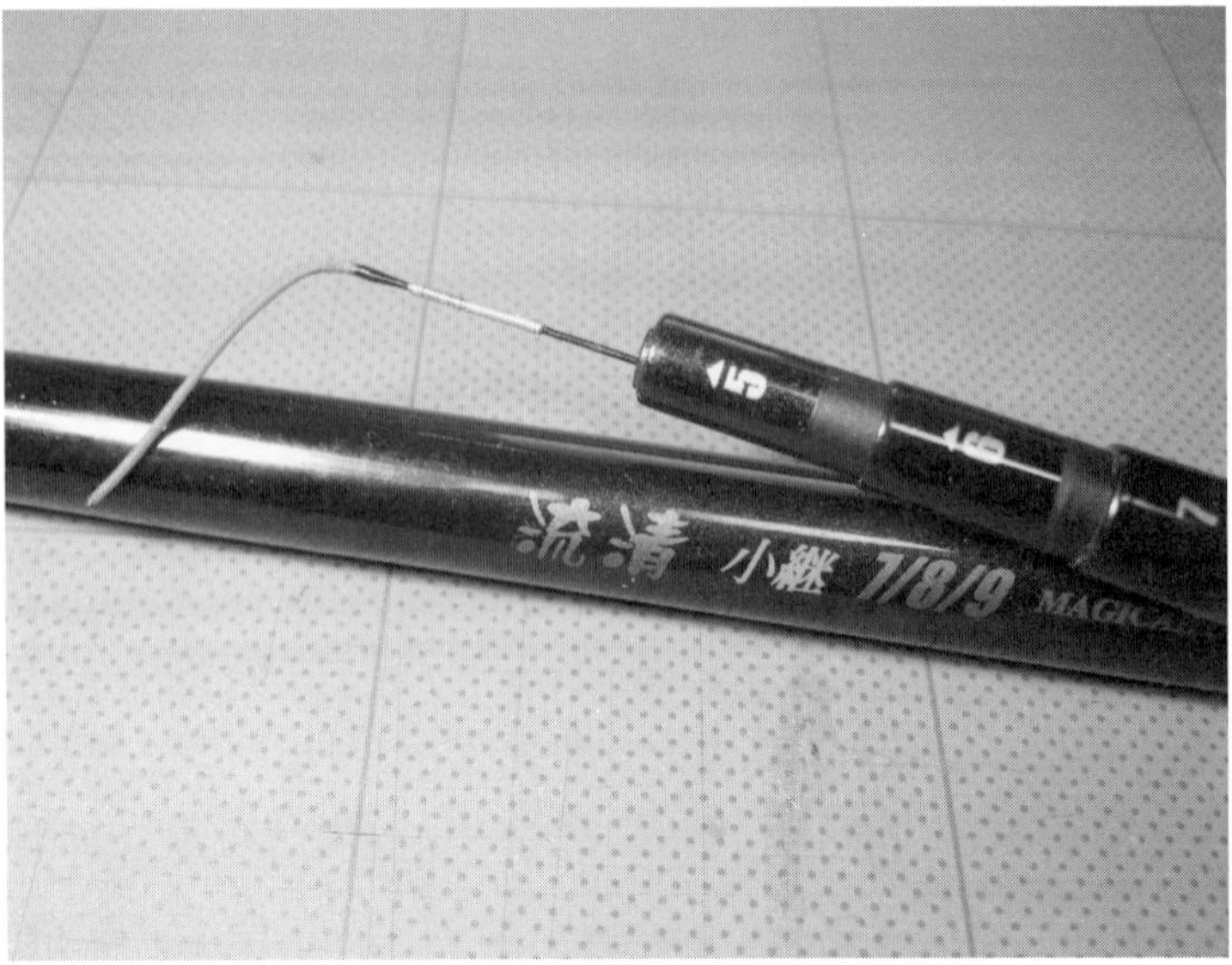

世界に2本しかない（？）リリアン回転トップ付きの３段式ズームザオ。30cm 刻みで5尺（約 1.5 m）から9尺（約 2.7 m）までカバーできる僕オリジナルの流れっ川用スペシャルロッド

ても、軽く引っ張るだけで解消できるのでストレスフリーなのです。

かかった費用は1本4000円強の3段式ズームロッドに対して、リリアン付き回転トップは1パーツ1200円そこそこ。このバージョンアップ代が安いか高いかは皆さんの判断にお任せします！

仕掛けの本質は良質の完成品で勉強すべし

「タナゴ釣りは始めたばかりなので、まずは安価な仕掛けを買って試してみます……」などと理由をこじつけて粗末な連動シモリ仕掛けを購入してしまうのは、ビギナーファンが陥る代表的な失敗例です。安価な仕掛けの多くは親ウキ&イトウキとも作りが悪く、浮力バランスも全く曖昧《あいまい》であることはいうまでもありません。

とはいえ、タナゴたちの活性が高い春や秋の温暖な季節には使えないこともないです。派手な消し込みアタリを出してくれるヤリタナゴなどの川タナゴ釣りには、この安価な仕掛けでも案外簡単に釣れてくれるでしょう。しかし問題は寒タナゴ釣りなど、活性が低くなってアタリも渋くなった時の失望感です。

あれは北浦のドック周りで寒タナゴがよく釣れた10年以上も前のことです。前回釣行の際は僕が貸した仕掛けでタナゴ釣り初体験を楽しく過ごしたビギナーI氏が、2回目のこの日は完成仕掛けを買い求めてきました。チラリとのぞき込むとどう見ても安物でしたが、前夜苦心して微速で沈んでいくシモリバランスに調節してきたというので、何もいわずに

2人並んで古タイヤ脇のピンポイントをねらい始めました。

僕のほうは数投目から水中のイトウキにサワリが出始め、その後は2～3投に1尾というい按配のペースでオカメタナゴが顔を見せてくれます。ところが僕と10㎝も離れていない位置に投入しているビギナー氏の仕掛けはピクリとも動きません。仕掛け本体以外のハリとエサは同じですし、ウキ下ももちろんピッタリ合わせてあります。

首を傾げ始めたビギナー氏にはいいづらかったのですが単刀直入に、「当たらない理由は粗悪な仕掛けのせいですヨ。シモリバランスも思いどおりに沈んでいかないでしょ。試しに僕の仕掛けに取り換えてみなさい」とアドバイス。するとビギナー氏は再チャレンジの1投目からイトウキを斜めに吸い込む素直なアタリでオカメタナゴを釣りあげ、「仕掛けの善し悪しがよく理解できました」と納得顔で喜んでくれたのです。


実は、ビギナーだからこそタナゴ釣りなど淡水の小もの釣りに特化した釣具店で市販している良質の連動シモリ仕掛けを購入すべきです。価格的には1組2000円前後と高価ですが、思い切ってタナゴザオの全長別に数組使い分け、浮力バランスの調節などを徹底的に勉強させてもらい、そこでタナゴ仕掛けの本質を知ることが上達への第一歩です。

繊細なタナゴ用連動シモリ仕掛けの仕組みを理解できたなら、今度は親ウキやイトウキ、

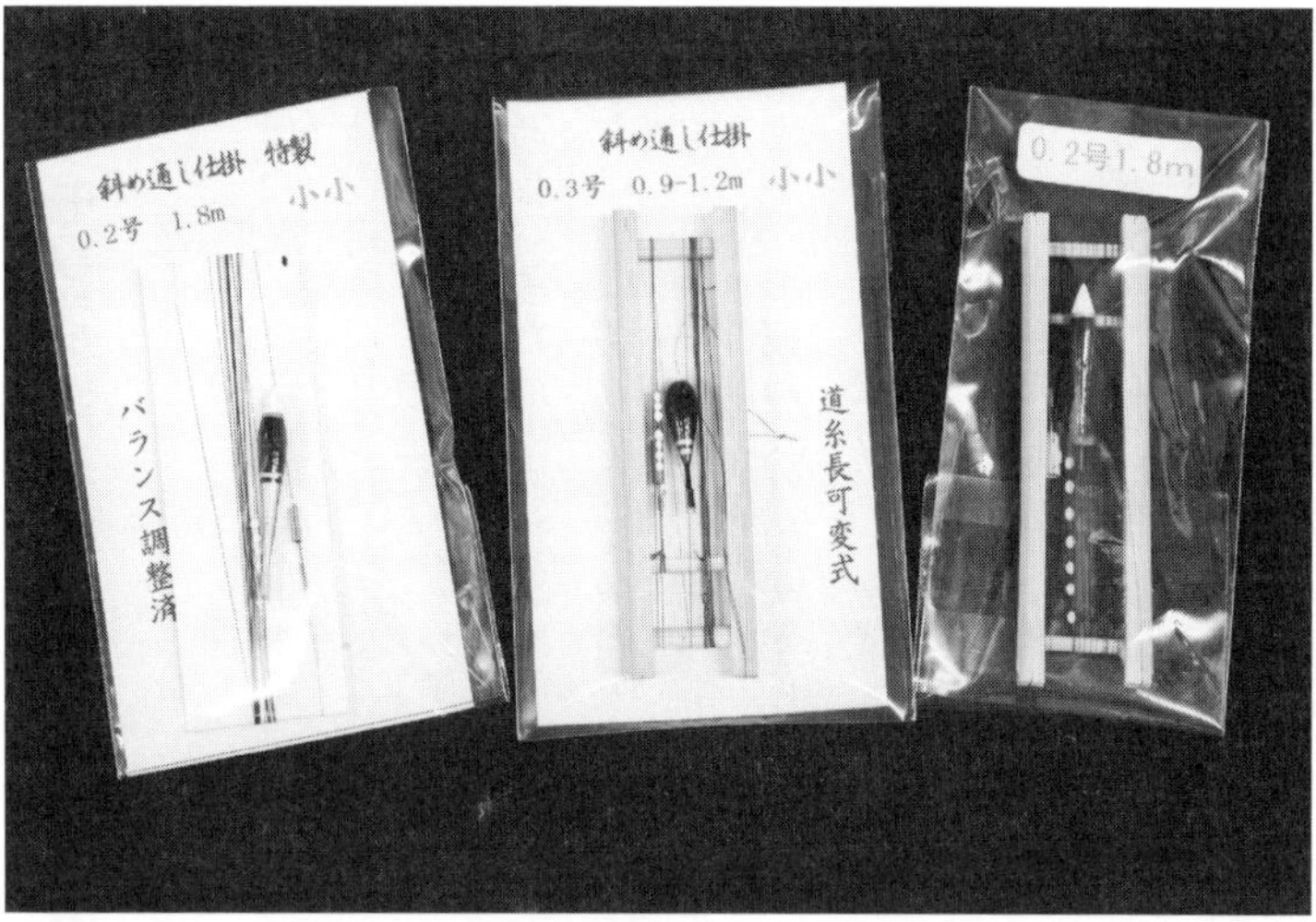

都内に数軒あるタナゴ釣りに特化した釣具店特製の仕掛けなら間違いない。また、ここ最近は釣り場近くの大型釣具店にもタナゴ釣りコーナーが設けられているケースが多い

ハリス止メといったそれぞれのパーツを買いそろえ、好みの仕掛けパターンに仕上げていく。それは至極楽しいことです。ホビークラフトの趣味があれば、さらに親ウキやイトウキの手作りに挑戦してみるのもいいでしょう。

連動シモリ仕掛けの吸水性を考えてみる

現代のタナゴ釣りでは止水域、流れっ川を問わず親ウキとイトウキを組み合わせた連動シモリ仕掛けが好まれています。親ウキはフナ釣りなど淡水用の立ちウキでよく見かけるゴム管式もありますが、タナゴ釣りに関してはウキ本体にミチイトの通し穴が開けてある斜め通し、または中通しタイプが主流です。この通し穴は目止め処理が施されていますが完全とはいい切れず、多少の吸水は免れません。

一方、親ウキの下部に配列する5～8個のイトウキはいろいろな材料で作ったものがありますが、現在の人気傾向から樹脂シモリ、羽根シモリの2通りに大別できると思います。代表的な樹脂シモリは、蛍光&夜光塗料用の下地（下塗り）塗料や紫外線硬化樹脂（UVレジン）などで成型した小さな玉に蛍光塗料を重ね塗りしたもので、このタイプはまず吸水性がありません。これに対し、古くから愛用されてきた羽根シモリはニワトリなどの羽根芯を細かく刻んでから同じく蛍光塗料を塗ったイトウキです。こちらは水に浸かっているうちにどうしても吸水してしまうのが欠点といえば欠点です。

このような親ウキとイトウキの吸水性を考慮すると、別項でお話ししたとおり、仕掛けの浮力調節は仕掛けを水に浸して少し待ち、ある程度吸水させてから行なうほうがより正確さが増すのは当然です。僕の場合、霞ヶ浦水系のオカメタナゴを中心にした江戸前流のエンコ釣りには樹脂シモリの連動仕掛けを主力にして組んでいます。微妙な浮力調節が不可欠な繊細な連動シモリ仕掛けには、吸水性の心配がないイトウキを選んだほうが浮力バランスの大きな崩れがないことと、浮力に乏しいスリム型の親ウキと組み合わせる極小サイズのイトウキを作りやすいことも樹脂シモリの特徴です。

羽根シモリは流速が伴う流れっ川や長ザオでねらう湖岸エリアで使うことを想定して、主に浮力が大きめのタイプの連動仕掛けに組み合わせています。羽根芯素材は極小〜小小サイズより、その上の大〜中〜小サイズが加工しやすく視認性の高いイトウキができ上がります。

先ほど羽根シモリは吸水性があることを欠点と書きましたが、こんな面もあります。僕の先輩釣り仲間には東京タナゴ釣り研究会に所属していた若き日、例会でオカメタナゴ10束釣り（1000尾）の記録を樹立した島田清さんがいます。島田さんは羽根シモリの有効性についてこう語られています。

「羽根シモリは吸水することで重さが増し、アタリ感度は当然鈍ります。しかしそのぶん、エサを舐《な》めたり突っつく感じの雑多なアタリを拾わず食い込みの本アタリが出やすくなります。先日も試しにケシの実サイズの樹脂シモリを使ってみましたが、どこで合わせてよいのか迷ってしまいました。私などは羽根シモリ一筋の昔の人間ですからね（笑）」

ここ最近は親ウキにしろ樹脂シモリにしろ、超小型サイズ化を競っている感すらあります。微細なアタリを鮮明に伝えてくれる樹脂シモリに対して、羽根シモリは芯に残るような独特のアタリが出ることが大きな魅力でしょう。実は僕も隠れ羽根シモリ派なのです。晩秋から初冬にかけてとか、5、6月などの活性が高い時期のオカメタナゴねらいには、わざとファット（太った）タイプの親ウキと中サイズの羽根シモリを組み合わせた連動仕掛けで水深が浅いホソの釣りを楽しんでいます。だまされたと思って一度試してみてください。

仕掛けの浮力調節は必ずハリをセットして行なう

大小さまざまな連動シモリ仕掛けの中でもホソや船溜まりのドック周りなどでおちょぼ口のオカメタナゴをねらうとなると、親ウキは全長２〜３㎝しかない極小〜小小サイズが好まれます。食いが渋い厳冬期の寒タナゴ釣りでは、水抵抗が少なくアタリ感度を優先した細長いスリム型の親ウキを使うので、ウキ自体の浮力も当然限られてしまいます。

このような止水エリア用の浮力がごく小さな連動シモリ仕掛けは、パーツひとつの重さが変化するだけで浮力バランスが変わってしまいます。したがって自宅で行なう板オモリの浮力調節には細心の注意を払うことが大切です。また、仕掛け本体には必ずテトロンハリス付きのタナゴバリをセットしてください。僕自身は、気のせいかもしれませんが、付けエサの微妙な重さの代わりとして通常よりもワンランク大きいハリ型の半月か流線を選んで若干の加重をしています。

浮力を測るには、まず高さ30〜40㎝のゴミ箱などを利用して水を張ります。水の比重は温度によって変化するため風呂場の残り湯などはご法度で、水道水の水が無難です。容器に仕掛けを浸したらそのまま数分間馴染ませてください。斜め通しや中通しタイプの親ウキや羽根芯で作った羽根イトウキには多少なりとも吸水性があるうえ、テトロンハリスに絡む水分も気になるからです。板オモリは慎重に少しずつカットし、微速で沈んでいくシモリバランスや水面下で定位するゼロバランスなど、思いどおりの浮力バランスに整えることができたところで自宅での調整は終了です。

しかしこれだけでは安心できません。釣り場の水況はどこもバラバラで一定していません。水の濁り具合や比重に水温などが影響したり、ときには水面を覆う油膜が邪魔してせっかくの浮力バランスを狂わせてしまうケースも多いのです。そんな時には、ここはひとつ勉強だと思ってその場で板オモリの微調整をして対処してください。誤って切りすぎた場合や反対に浮力が大きすぎるような時には、元々巻いてある板オモリの間に同じ板オモリの小片かフライフィッシング用の粘土オモリをはさんでもう一度やり直せばいいこと。焦ってはだめですよ。

帰宅後は、その日使った仕掛けをごく薄い中性洗剤で油脂やほこりなどの汚れをやさしく洗い流し、余分な水分をふき取って自然乾燥させてから仕掛けケースに収納することを心がけましょう。ていねいなメンテナンスを施しておけば、次回使用する時には正確な浮力バランスが蘇っているはずです。一方、釣り場で応急処置した仕掛けは新規に板オモリを巻き直し、改めて浮力調節を行なっておくことを勧めます。

古くて新しい?!　流れっ川用改良型ゴッツンコテンビン仕掛け

「日本タナゴ釣り紀行」の取材で一番驚いたのは、関東エリアには滅多にない流勢が強い河川が多いことでした。このような流れっ川は表層よりも底流れのほうが重くて速く、場所によって水草の密集地帯など複雑な川相を形成しています。連動シモリ系のウキ仕掛けでは手も足も出ないケースも多々ありました。そんな時に思い出したのは少年時代、茨城県土浦地先にある土浦ドックの深場ねらいでよく使っていたミャク釣り用のゴッツンコ仕掛けの流用です。この仕掛けは近代タナゴ釣りのバイブルで、タナゴ釣り名手として名高い宇留間鳴竿さんの著作『新技法によるタナゴ釣り』にも変型ミャク釣りゴッツンコ仕掛けの名でイラスト化されています。平成21年（２００９年）12月、取材で宇留間さんのご自宅を訪れた際には、拝見した名手・安食梅吉氏の遺品の中にも安食さん考案の片テンビン式ゴッツンコ仕掛けがありました。元々はフナ釣りのゴッツンコ仕掛けがヒントだったらしく、想像していた以上に古い仕掛けパターンであることを知りました。

僕の構想では、ピンポイントねらいの止め釣りと同時に、上手から下手に向かって上下に落とし込みながら探るトロ瀬など平場用の流し釣り的な要素をミックスした仕掛けを目

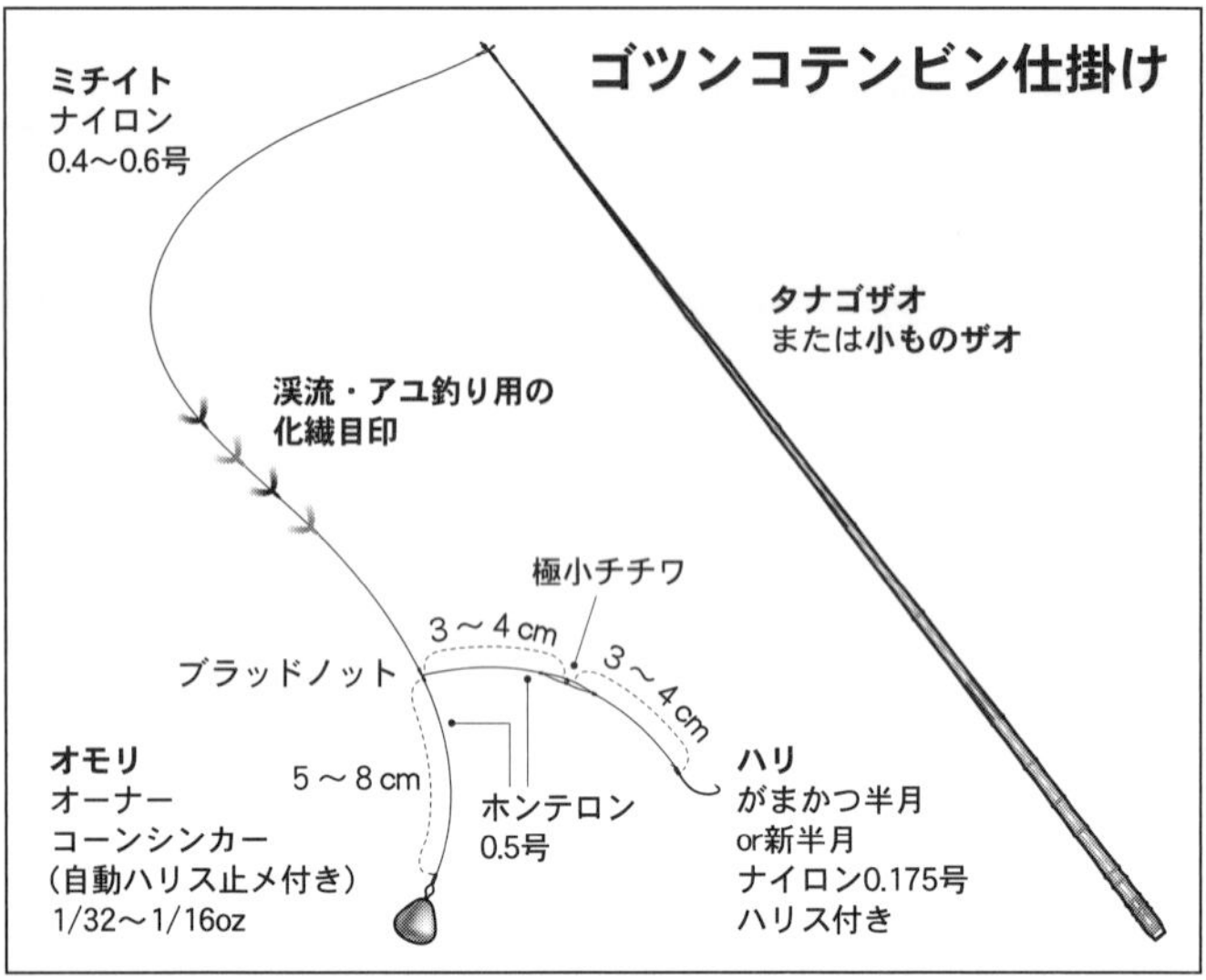

標に、複雑な流れの中で仕掛けがもまれても絡みにくいことも考慮しました。こうして先人たちの知恵を土台に、現代風にアレンジした結果が図解の葛島バージョン・ゴツンコテンビン仕掛けです。この仕掛けの最大の特徴は、テンビン用ハリスにシャキッと張りがあってイトグセも取れやすいホンテロンを選んだことです。ナイロンミチイトとホンテロンハリスは必ずブラッドノットで接続し、結び目の真ん中から2つの端イトを長めに出しておくのがキモです。こうすることで、ナイロン側の端イトをカットして、残ったホンテロンの両端をテンビンと捨てイトとして利用することができます。テンビンの先端部には極小チチワを結び、タ

ナゴバリは同じくチチワ付きハリスで接続します。自動ハリス止メ付きの先端部も試しましたが、流れの中ではわずかな重みが仇《あだ》となります。自動ハリス止メを介さないほうが余計なハリス絡みがありません。

オモリにはバス釣りのダウンショットリグ用に市販されているオーナーばりの「コーンシンカー」をチョイスしました。こちらは自動ハリス止メ付きなので、捨てイトに引っかけるだけで流速に応じてオモリの大小が付け替え可能です。また、目印は昔流のトンボの代わりにアユ&渓流釣り用の化学繊維素材を用い、移動式の編み込み目印にしています。あれこれと細かな作業が多いので、僕はチチワ作り用としてアルファビッグ製の「ハイテクチチワニードル」と「8の字フック」、編み付け目印作りにも市販のラインホルダーを愛用しています。

ゴツンコテンビン仕掛けの出番がくるのは、ウキ釣りでは攻略しづらい複雑で速い流れや障害物周りのピンポイントです。このため、使うサオよりも仕掛けの全長が短いチョウチン釣りで操作性を重視することが多いと思います。僕の場合、このゴツンコテンビン仕掛けは全長別に1・2、1・5、1・8、2・1mというように30cm刻みで数種類持ち歩き、釣り場と釣り方に応じて、主に1・5~2・7mザオをカバーしています。

長ザオにはハエウキ2段式オモリ仕掛け

霞ヶ浦の湖岸エリアでオオタナゴが釣れるようになって以来、僕はタナゴ仕掛けのラインナップとして、全長3・6mを超える長ザオバージョン用には硬質発泡スチロール製で視認性がよく浮力も高いハエウキ仕掛けを加えるようになりました。

きっかけはもうかれこれ30年近くも前、ハエ（オイカワ）の数釣りで一世を風靡《ふうび》した多段シズ式仕掛けの最新釣法を取材した折、一釣り人として参戦もしていて当時のタックル&仕掛けを残してあったのです。最初のうちは当時の競技用仕掛けにならってガン玉8号を配列する多段シズ式をそのまま使ってみました。しかし、多段シズ仕掛けはもともと複雑な流れの中で仕掛けを安定してトレースできるように考案されたものです。止水域の湖水ではハエウキの下部に並んでいるガン玉の等間隔なオモリ負荷が逆に邪魔をしてしまい、エサの動きが悪くなることに気が付きました。

そんな時に思い出したのが、小もの釣り名手として知られ、僕が師と仰いだ故・大作芳男さんが愛用していた2段式オモリ仕掛けでした。

「仕掛け下部のオモリを小さくすることで水中で漂うエサがよく動いてくれるのさ。トロ瀬から平瀬まで瀬付きのヤマベ（オイカワ）をねらう虫エサのウキ釣りに最高だよ。いろいろな小もの釣り仕掛けにも応用できるから試してごらんなさい」

そう教えてくれたことをヒントに、僕なりにハエウキを使った止水域のタナゴ釣り用2段式オモリ仕掛けに改良してみました。

この仕掛けは何といっても上下位置に打つ大小のオモリバランスが特徴的です。まずはハエウキのすぐ下には上オモリとしてガン玉（または板オモリ）を打ち、ウキのボディーが水面上に5分の1から6分の1ほど出る大まかなトップバランスにしておきます。このとき上オモリのガン玉はミチイトに固定せず、タナを上下に変える際に指先でスライドできるくらいの半移動状態にしておくことが肝心です。次に、自動ハリス止メ上に位置する下オモリは巻き込んだ板オモリを刻みながら、トップとボディーの継ぎ目の浮き沈みを目安にして適切なトップバランスに浮力を整えます。

実際の釣りでは仕掛けを振り込むと上オモリの重さで着水後すぐハエウキが自立する一方、軽いオモリを背負ったエサは時間を置いてゆっくりと沈んでいきます。スローリーで目立つエサの落とし込み効果とともに、ねらった層にとどまったあとも、ふわりふわりと漂う自然なエサの動きを演出してくれるので、タナゴたちを誘うアピール度がより高まるというわけです。

発泡スチロール製のハエウキは見た目よりも浮力が強く、湖水などの止水域で使う場合は通常トップの根元まで水面下に沈むくらいに調節して、極力浮力を落としたほうがアタリ感度は向上します。また、波っ気があるときは反対にボディー上部が少し水面から出るくらいに浮力を上げて視認性を高めるなど、状況に応じてオモリの増減でハエウキの浮力を自由自在に操ることも大切なテクニックです。

霞ヶ浦湖岸のオオタナゴ五目釣りで好感触を得ていたこの改良型の2段式オモリ仕掛けは数年後、「日本タナゴ釣り紀行」で遠征した琵琶湖・湖北地区のカネヒラ釣りでも試してみました。自信はありましたが、予想どおり気持ちよくハエウキは吸い込まれました。ハエウキの2段式オモリ仕掛けが活躍してくれる場は、漁港周りや冬場のオオタナゴ釣りなど湖水の水深が深いポイントだけではありません。霞ヶ浦でよく見られるゴロタ石周りや沖めの捨て石といった水深が浅い釣り場でも仕掛けとエサのナチュラルな浮遊感が期待できます。また、水深が50～80㎝と深くて緩やかな流れを伴うトロ瀬などのポイントをねらう川タナゴの流し釣りにも有効です。

ハエウキの浮力はガン玉8号の個数で表示されている製品が多く、僕は基本的に3・6～4ｍザオがガン玉3～4個の小型ウキ、4・2～4・5ｍザオにはガン玉5～6個の中型ウキを使い分けています。

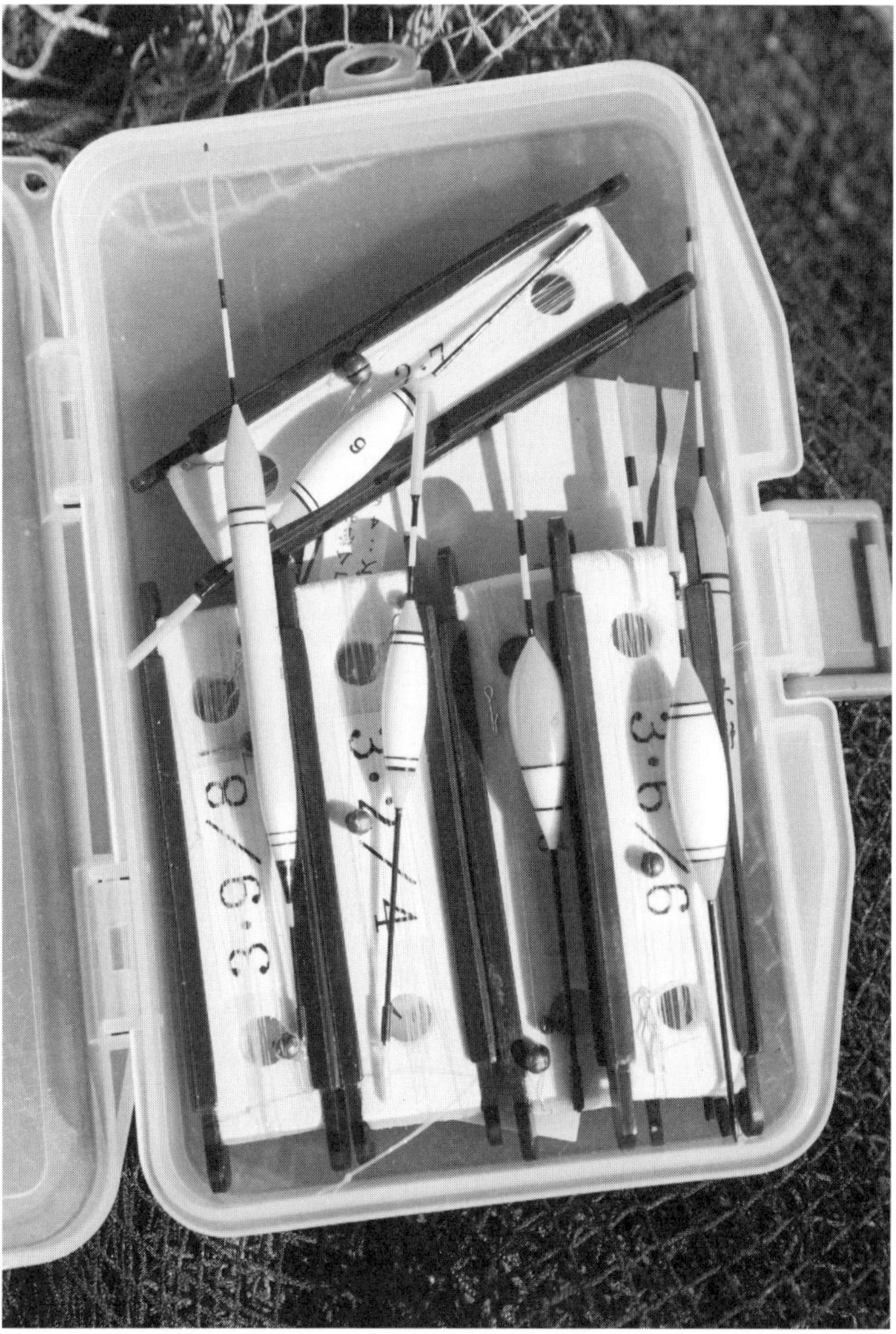

湖水から流れっ川まで、大場所で活躍が期待できるハエウキの2段式オモリ仕掛け

既製バリで99％のタナゴが釣れる

タナゴ釣りファンの気質として、ねらったタナゴが思うようにハリ掛かりしないと自分の腕前は棚に上げてすぐにタナゴバリのせいにしてしまいます。でも僕の経験からいわせてもらうと、大手の釣りバリメーカーから発売されている既製タナゴバリの数々は昔と比べて精度や切れ味が数段向上しています。タナゴの口元に刺さらないような不良品はまずありません。結論をいってしまえば、現在市販されている既製タナゴバリの中からハリ型のバリエーションとハリスの種類別に数種類ずつそろえておけば、日本全国どこのタナゴ釣り場に出かけても99％通用し、困ることはまずないと思います。

タナゴバリのメーカーやそのハリ型には人それぞれ好き嫌いがありますが、僕の場合はがまかつ製品が主体です。中小河川や水路などの流れっ川用には、ナイロンハリス付きの半月と新半月の2種類があれば万全です。ハリスの号数は市販バリに付いている0・3号でも充分ですが、根掛かりした時に大切な連動シモリ仕掛けが損失せずハリス側から切れるように、より細い0・175号の特注バリを愛用しています。

大きめのフォルムをした半月は主にカネヒラやヤリタナゴなど大中型タイプのタナゴに

使うことが多く、ひと回り小さな新半月は同じヤリタナゴでも小型サイズねらいの時に出番が回ってきます。また、霞ヶ浦のオオタナゴ五目や琵琶湖のカネヒラといった本湖の長ザオの釣りにもハリスの長短が自在なナイロンハリスが使いやすいと思います。

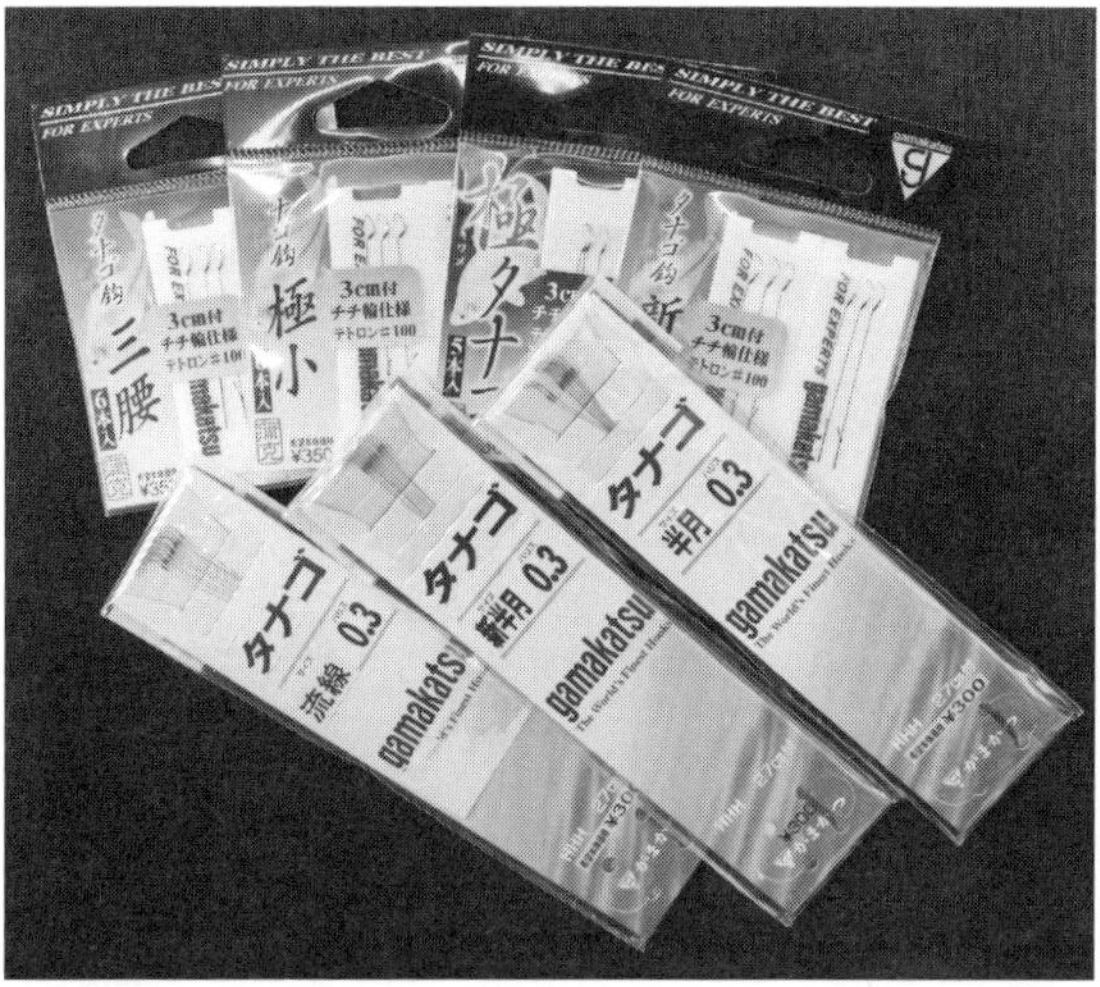

ナイロンハリス（下）、テトロンハリスのタナゴバリ、
これだけあれば99%のタナゴが釣れます

しかしハリ合わせの目安はタナゴの大小サイズばかりとは限りません。釣れてくるタナゴが小さくても、食いが活発な場面では無理に小バリへチェンジする必要はありません。かえって大きめのハリのほうが保持しやすくエサ付けも楽なので手返しが早くなります。大型サイズのタナゴが掛かった際に逃げようと首を振られた時にも、バレる率が少ないことも利点です。

一方、湖沼やホソなどの止水域をねらう短ザオのタナゴ釣りではテトロン短ハリス付きの既製バリを多用しています。

おちょぼ口でハリ掛かりしにくいといわれるオカメタナゴやニッポンバラタナゴ、カゼトゲタナゴでも、春や秋の活性が高い季節にはテトロン短ハリス付きのノーマルタイプの新半月や三腰、極小で問題ありません。

さらに、関東エリアで盛んなオカメタナゴを中心とした寒タナゴ釣りには、中小型タナゴ専用の極タナゴが頼りになります。ハリ先から先腰間の繊細な作りといい、ハリ先の切れ味といい、日本が世界に誇る釣りバリの技術が結集された最高ランクの出来栄えです。タナゴ釣りのベテラン勢でさえ、「オカメの機嫌がいい時なら全長3・5～4㎝までのミニサイズまでは保証しましょう」と太鼓判を押します。

最後に、99％以外の残る1％とは……マニアックな手研ぎバリのミクロの世界です。ねらうターゲットは3㎝以下の豆オカメのほか、型のよいタナゴでも食いが渋くて機嫌が悪い時にハリケースからつまみ出す1本がこの手研ぎバリです。手研ぎバリを買い求める際はタナゴ釣り道具に特化している釣具店を選び、ケチらずに思い切って1本1000円台のものをチョイスしてください。

ここ最近、若い年齢層のタナゴ釣りファンの間では研究熱心なことに手研ぎバリが流行っているそうですが、六十路が近づいた僕は既製バリの極タナゴで釣れるサイズのオカメで我慢します（ウソつきでした?）。

水温計は名手の必需品

水温計を常に携帯することはタナゴ釣りに限らず、フナ、アユ、渓流釣り、さらに擬似餌のルアー&フライフィッシングまで、淡水ターゲットを愛するアングラーにとってはある意味常識かもしれません。というよりも腕に自信がある釣り人ほど水温計の所有率は高いのではないでしょうか。

しかし僕はここでホームグラウンドでの定点測定による水温データ・フィッシングをお勧めしているわけではありません。そうではなくて、年に1、2回しか訪れない釣り場や見知らぬ河川でも、とにかくことあるごとに水温を計り釣況の目安にすることは大きな意義があるということをいいたいのです。

折りたたみ自転車で小もの釣りを楽しむという趣旨の釣行記「釣《つー》輪《りん》具《ぐ》雑《ざつ》魚《ぎょ》団《だん》」(月刊『つり人』連載中)には、行く先々の釣り場で水温計を取り出し、その日その時の水温を参考にして釣りを組み立てている研究熱心なメンバーがそろっています。たとえば寒タナゴ釣りシーズン初挑戦で土手下のホソに入ったとします。この時サオをだすと同時に測定した水温をその日の基準にします。その後、タナゴが釣れないといっては水温計をホソに浸して「まだ水温は朝のまま……」とぼやいたり、反対に食いが立ってきた時にも水温を計り直して「水温が2℃上昇したからタナゴも正直だね」などと皆で一喜一憂しています。

また、ときにはこんなこともあります。

釣行前日に降雪があって釣り場一帯が真っ白く雪化粧している穏やかな晴天の日は、朝から意外なほどタナゴの食いがよいものです。ところが快調に釣れていたのも束の間、気温が上昇して温かくなってくると突然アタリが止まってしまう。早速水温計を水に浸してみると思ったとおり、水温は逆に数℃も下がっているではありませんか。改めて周囲を見回すと積もっていた雪が消えています。これはその雪解け水が流れ込んだのが食い渋りの原因だと判断できます。

このような水温の変動は時間的な経緯によるものばかりではありません。霞ヶ浦の湖岸裏に続く土手下のホソの大半は農道に架かる小橋や機場で区切られていますが、水色、水位が似通った隣り合わせのホソでも水温が異なることがよくあります。さらには、一区間の同じ流れのホソの中でも水温の違いに遭遇したことがありました。この時は前回よく食った縦ホソとのT字合流点に迷わず入りましたが、期待に反してさっぱり釣れません。そこで水温を計りながら同ホソ内にある機場脇、小水門周りといった主要ポイントを回ってみると小水門脇に溜まっているタナゴの群れを発見しました。寒中だったため案の定、最

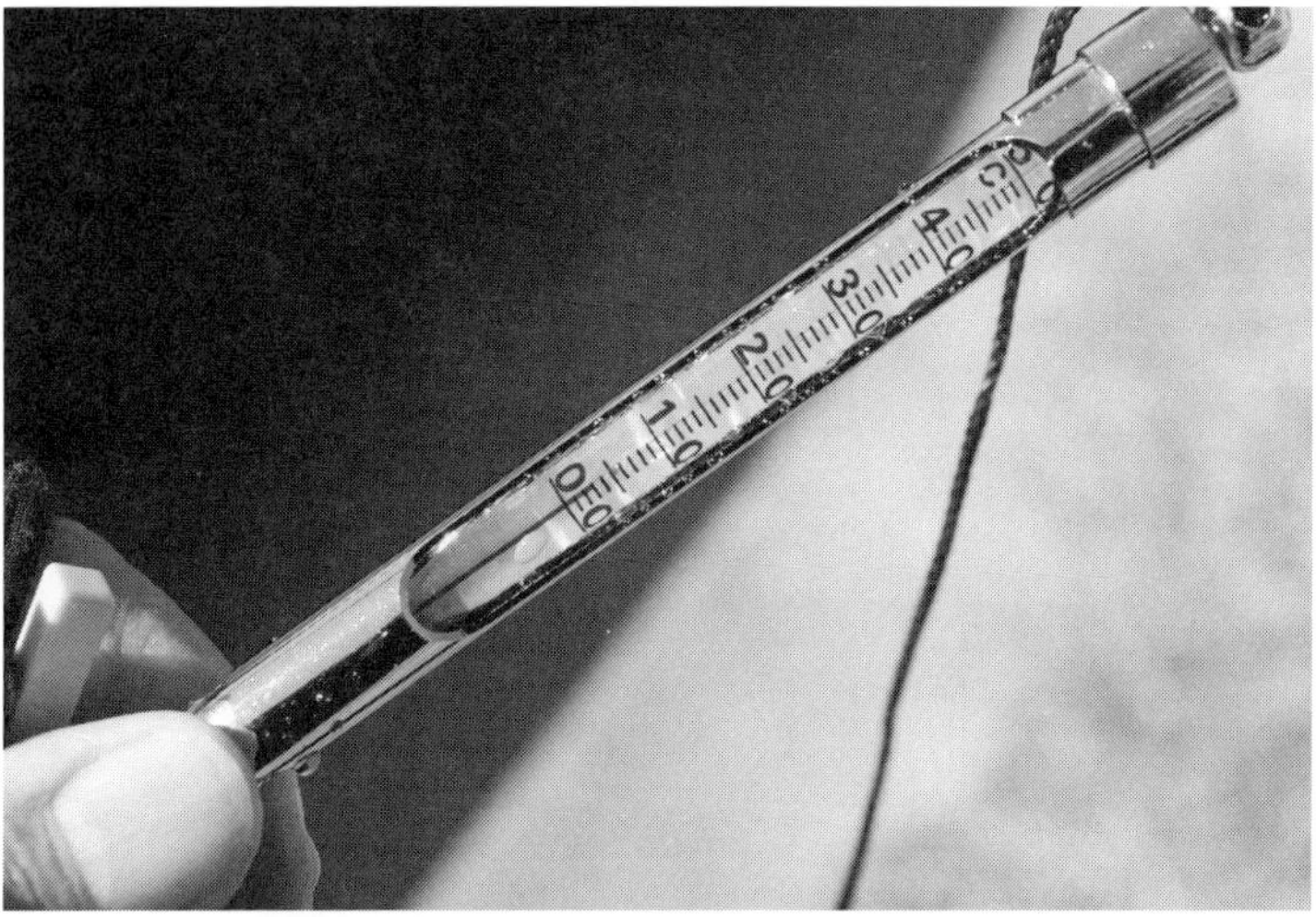

水温計で分かる温度変化は１日の釣りの組み立てに大きな役割を果たしてくれる

も水温が高い場所に移動していたのです。

僕が持っている水温計は3本。タナゴ、フナ釣り用それぞれの小型ショルダーバッグと、渓流用フライフィッシングベストの中にも待機しています。そして橋の上や護岸上など高い場所からでも計れるように、アウトドア用品店で切り売りしている極細タイプの細引きロープ約５ｍをプラスチック製の仕掛け巻きに収納してセットしてあります。

ハリス止メに板オモリをきれいに巻き止めるには

オカメタナゴ相手の寒タナゴ釣りなど、繊細さを求められる連動シモリ仕掛け。最近では小さなチチワハリスを結んだタナゴバリとの接続パーツに両足タイプのフック式ハリス止メが用いられ、その一端に板オモリが巻かれています。オモリと一体化することで沈下途中の仕掛けに余計な振れが出ることなく、タナに到達した直後は素直にハリスが返り、伝達力よく明確なアタリが出やすいのが大きな利点でしょう。このハリス止メはタナゴ専用品が市販されていますが、考案した先人ははじめホチキスの針を細工したそうです。

ところで、わずか4~5㎜幅しかないハリス止メの一端に板オモリをきれいに巻き止めるのは指先の器用な方でも意外に難しいものです。でも文明の利器、瞬間接着剤をほんの1滴垂らすだけでこの悩みは解消されます。まずは板オモリの片側に浅い折り目を付け、ハリス止メ部分をはさんで軽く圧迫して仮止めします。この状態でそっと瞬間接着剤を垂らして固定すると、あとはすんなりと板オモリを巻き込むことができます。瞬間接着剤を付けすぎるとハリを引っ掛ける反対側のフックまで固着してしまうので、爪楊枝の先などで微量を取って垂らすのがコツです。

両足タイプのフック式ハリス止メに板オモリをきれいに巻くには

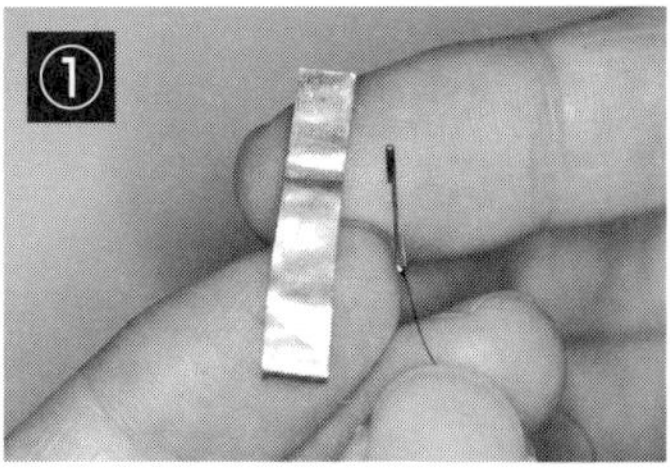

①片方のフックにミチイトを結んだ両足フック式ハリス止メを用意する。板オモリはフック止メ幅よりもやや幅広で、重めの長さに切っておく

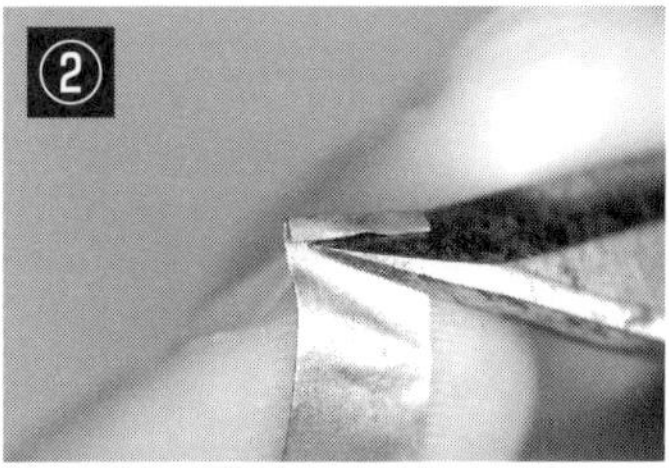

②ハサミの刃などを使って板オモリの片側にハリス止メが隠れる程度の浅い折り目を付ける

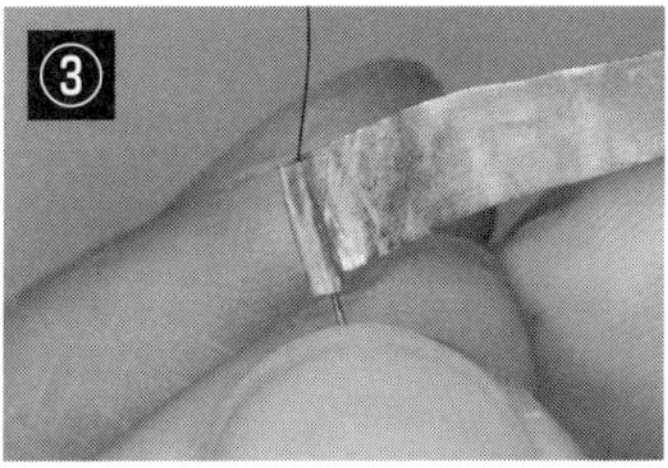

③この折り目にハリス止メ部分を挟んで圧迫して仮止めをしたら……

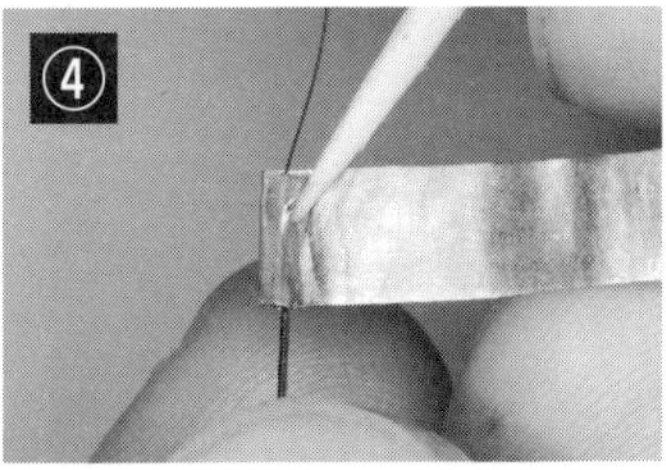

④爪楊枝の先などで微量の瞬間接着剤を板オモリの隙間に垂らして接着する

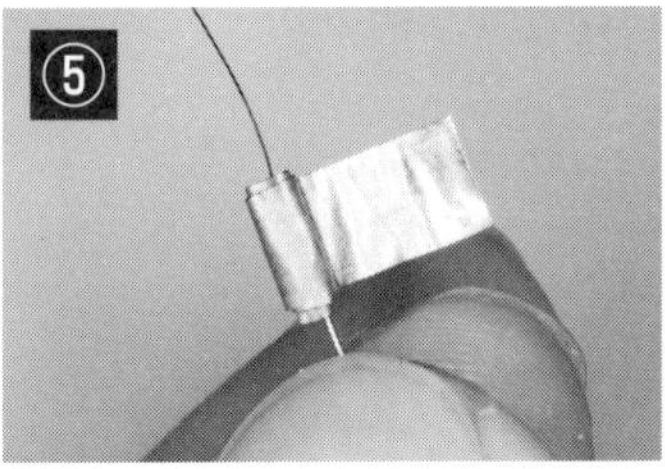

⑤板オモリを折りたたむように巻き込んでいく

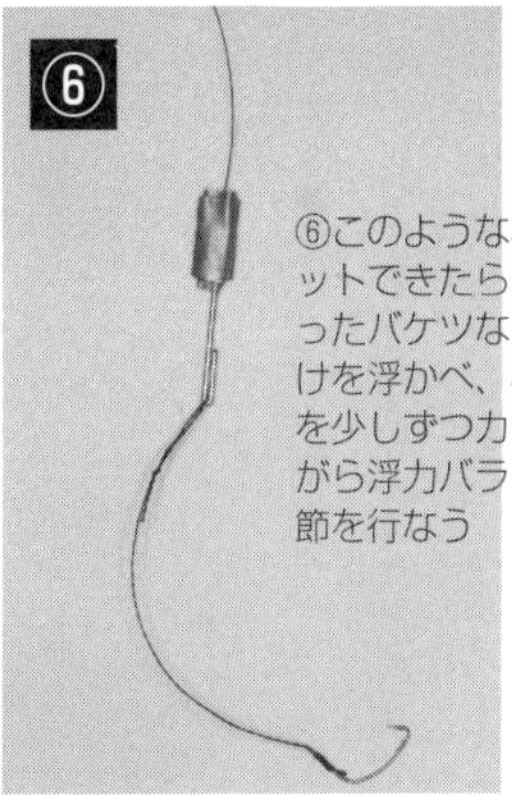

⑥このような状態にセットできたら、水を張ったバケツなどに仕掛けを浮かべ、板オモリを少しずつカットしながら浮力バランスの調節を行なう

千枚通しは隠れた必需品！

仕掛けの細工に愛用している小道具類の中には、人それぞれ個性的な必需品があるものです。僕にとっては女性が使う裁縫箱の隅に必ず入っている千枚通しが手放せません。そもそもこれは主に薄い紙などを重ねてヒモを通す穴を開けるための小道具だったようですが……。江戸前タナゴファンのステータスシンボルでもある合切箱の中や、電車釣行時の仕掛け入れとして使い込んでいる小型ショルダーバッグにも忍ばせておくのはもちろんのこと、自宅に置いてあるタナゴ、フナ、ハゼ&テナガエビといったターゲット別の道具箱にも1本ずつ千枚通しを入れてあります。指先代わりに細かな作業をしてくれる重宝な小道具として、いつ何時必要になるか分からないので、釣行のたびに出し入れせず各入れ物専用にしてあるのです。

指先がかじかんで動かなくなる寒タナゴ釣りではとりわけ千枚通しの出番が増えます。短いテトロンハリス付きの手研ぎのタナゴバリなどは、フェルトを張ったブック式のコンパクトなハリケースに収納している方が多いと思います。でも、使いたいハリを選別して1本取り出してみると、テトロンハリスの端の極小チチワが口を閉じてしまっていることってありませんか。この状態ではフック式のハリス止メに引っ掛けることはできません。ましてや凍えた指先はいうことを聞かず、チチワをこじ開けるのは至難の業です。寒々とした湖面に向かって「あちゃ～」と悲痛な叫びを上げたくなるものです。

ここで裁縫用の千枚通しに登場していただきます。口を閉じたチチワを指先に乗せて、あまり鋭くない千枚通しの先端部を2本のイトの間に当ててそっと突ついてみてください。ふっとチチワの中に入る瞬間があるはずです。そのままファーストテーパーの金属部分を軽く押し入れると……、見事にチチワが復元しませんか。ちなみに僕の場合、タナゴバリにテトロンハリスを結んだ際にも念のため千枚通しでチチワの穴を広げてからハリケースに収納しておきます。この頃は100円ショップでも千枚通しは入手できます。

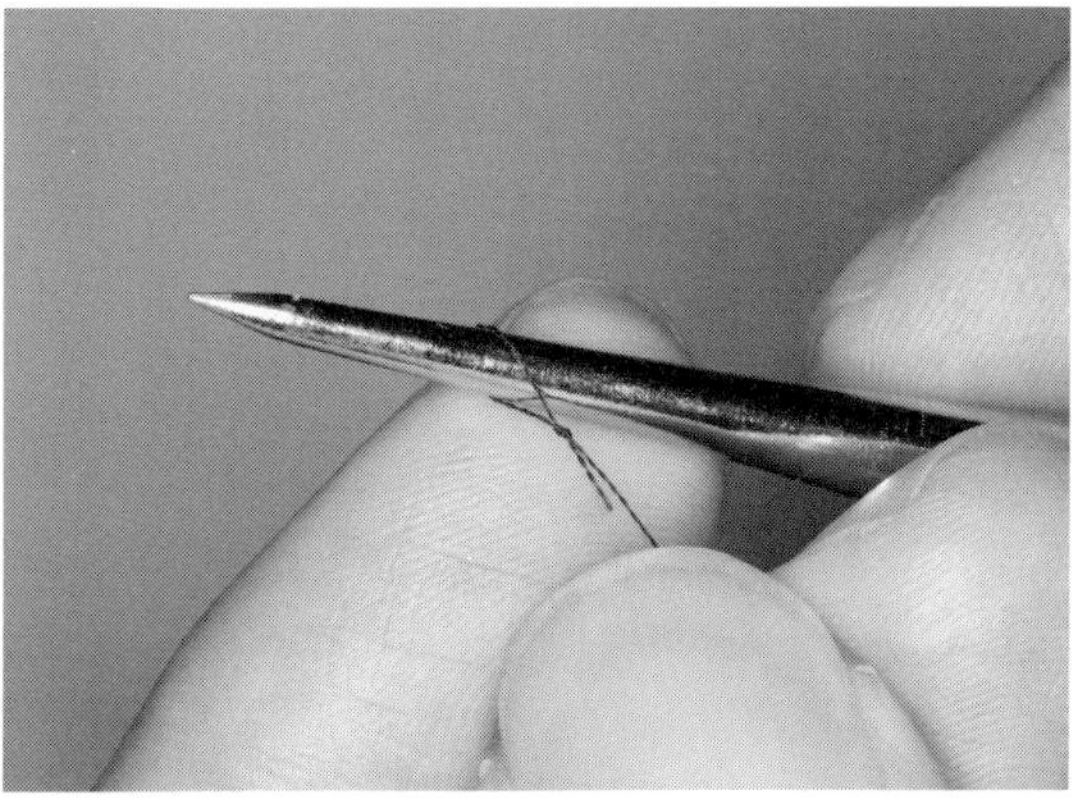

口を閉じてしまったテトロンハリス付きタナゴバリの極小チチワは千枚通しの先端部を軽く押し入れると見事に復元！

合切箱からデイパックへ、気軽釣行のススメ

タナゴ釣りの道具一式から雨具、はては弁当までも一切合切収納できることから名付けられた合切箱。僕が生まれ育った東京の下町の実家は建具屋を営んでいて、今から45年くらい前の小学生4、5年生の頃には父親手作りの合切箱を肩に、格好だけは一人前で寒タナゴ釣りを楽しんでいました。この合切箱、昭和36年4月1日発行の小早川遊竿編『釣りの四季』では、1月タナゴ釣りを担当している安食梅吉名人の文中に「ザツノウ兼帯の腰掛け箱」の名で紹介されています。また、同じく名手・宇留間鳴竿著の昭和38年1月20日発行『新技法によるタナゴ釣り』にも同じような説明で記載されていることから、合切箱と命名されたのはおそらく昭和40年以降だと思われます。

タナゴ釣り歴の浅い若い世代にとって合切箱は憧れのタナゴ釣り道具のひとつかもしれませんが、ベテラン勢の中には合切箱離れの傾向も見られます。東京タナゴ釣り研究会最高位で幹事長を務める成田臣孝さん曰く、「合切箱を仕舞い込んでもう何年も経ちました。タナ研の例会ではバスを下りてから釣り場までの道のりは徒歩移動がルールです。歳を取ったせいでしょうか、あの大きくて背負いにくい合切箱と一緒に歩くと、サオをだす前に

疲労困憊《こんぱい》……（笑）。今では気軽なディパック派になりました」。成田さんが長年愛用していた合切箱は、市販品に比べてひと回り半も大きな特注品だったこともあるのでしょう。

「それまで合切箱に詰め込んでいた仕掛けケースとハリケース、ハサミなど小物類、エサと寄せエサ入れなどを大中小サイズの透明なセパレートケースで分別整理してみると、予想以上にコンパクトにまとまるものですね。タナゴザオは以前と同じ賞状用の紙筒に収納しています。これに直座り用としてウレタンマットの切れ端とビニールシートがあればどこでも釣りが可能です。肩凝りもなく快適です」

成田さんのデイパックは約36Ｌの容量があり、必要なら折りたたみイスなども余裕で収納できます。先日成田さんに同行したマイカー取材の際、トランクの中には合切箱の影も形もなく、デイパックをひょいと背負って歩き出した後ろ姿は実に颯爽《さっそう》としていました。

折りたたみチェアなど一切合切の荷物はディパックにまとめ、手軽にタナゴ釣りを楽しむ

偏光グラスは「伊達」じゃない

アユの友釣りやヤマメ、アマゴ、イワナなどを相手にする渓流釣り、さらには他の多くの釣りジャンルでも偏光グラスの着用が常識化しています。

水の透明度に大きな違いはありましょうが、淡水の小もの釣りでも川見の重要性は同じこと。偏光グラスは必需品です。若い年齢層の釣り仲間にいわせると、フィッシングをはじめとするアウトドアスポーツに特化した素晴らしい偏光グラスが人気を呼んでいるそうです。僕はド近眼&老眼という悲しい視力なので釣り専用の跳ね上げ式の偏光グラスを装着したメガネを永く愛用していますが、偏光グラスが必須アイテムであることは何ら変わりありません。

タナゴ釣りにおける川見の大半は魚影捜しに終始します。手掛かりの目安になるのは水中でキラッ、キラッと輝くヒラ打ちを発見することで間違いありません。また、止水域のオカメタナゴ釣りで特に船溜まりのドックなど水深があるポイントをねらう時は、ヒラ打ち以外にも障害物周りなどの宙層で静かに定位している群れを見つけることも大切です。川タナゴ釣りの場合でも、穏やかな流れなら意外と容易にヒラを打つ姿や移動する群れを確認できるでしょう。

難易度が高いのは流速が速くて水面が乱反射している渓流相のような流域です。この場合、まずはタナゴが好みそうな流れを任意のブロックの1カ所に絞り込み、できるだけ乱反射しづらい角度から定点観測のようにじっと注視してみてください。凝視すること30秒、1分……狭い視野の中を走り抜けるものがあれば魚影、タナゴでなくても小魚たちです。

偏光グラスがあれば薄濁りの水色下でも浅場に群れる小ブナのヒラ打ちはもちろん、秋口に見られる宙層で定位するフナを捜し出すことも可能になります。また、潮の干満を利用して移動を繰り返すハゼや、障害物周りを忙しく動き回るテナガエビなどなど、その他の小もの釣りでも然りです。

偏光グラス越しに水の中を自由自在に眺めることができると、より一層小もの釣りが面白くなりますし、その副産物（?）として釣果も伸びること請け合いです。

黄身練りの絶対失敗しないさじ加減

黄身練りはタナゴの種類を問わず、止水域のエンコ釣りから流れっ川の釣りまで使い回しができるオールマイティな付けエサとしてタナゴ釣りファンの間で人気が定着しています。基本的な黄身練りレシピは鶏卵の卵黄（黄身）と小麦粉、またはヘラブナ用のおかゆ粉を組み合わせ、香り付けとして菓子用のバニラエッセンス数滴を垂らして練り上げます。その絶妙な練り加減を説明するのに、「そっと吊るし上げた黄身練りの角がツンと立ったあと、倒れるか倒れないか……」。イタリアのピサの斜塔くらいの角度で止まる軟らかさ」などと洒落にもならないニュアンスの駄文を考えたこともありましたっけ。

この項では材料や練り加減は置いておき、僕が最近実践している黄身練りの経済的なレシピというか、絶対に失敗しない黄身練りの〈さじ加減〉を紹介しましょう。

まずは卵白と卵黄に分けるのは定石どおりです。次に卵黄を割って、薄皮と白っぽい筋を取り除いた全量におかゆ粉などの粉類を加えて練り込んでいくのが一般的な手順でしょう。でも僕は違います。この時点で卵黄を半分ずつ、または3分の1と3分の2に二分して本練り用とスペア分に取り分けてからエサ作りをスタートします。

なぜ卵黄を取り分けるかというと、3分の1に取り分けた本練り用だけで作ったとしても、タナゴ用のミニポンプに余るほどの黄身練りができてしまうことが第一です。多めに作って小分け袋で冷凍保存しておく方も多いと思いますが、黄身練りの固さや粘度などが変化してしまうので僕は好みません。釣行のたびに作るフレッシュ黄身練り派です。

とはいっても長年の勘を頼りにした一番怪しい目分量で作りますから、粉のさじ加減は意外なほどでたらめです。黄身練りが緩すぎたときは粉を継ぎ足していけば問題ありません。ところが反対に、弘法も筆の誤りというか粉を入れすぎた失敗は黄身を追加して軟らかくする方法しかありません。このときスペア分に残しておいた卵黄があれば、新しく卵を割ることなくもう一度好みの固さに調節することが可能なわけです。

最後にオマケ情報をひとつ。最近流行の温泉卵の黄身練り、いや温泉卵の黄身エサをご存知でしょうか。これはコンビニなどで売っている温泉卵を買い求め、黄身をそっとミニポンプに移し替えて絞り出すだけという代物です。僕はまだ2、3回試した程度で効果のほどはあまり把握していません。でも温泉卵の黄身は予想以上にドロリとして粘り気が強く、ハリ先に丸くまとめてしまうと意外なほど落ちにくいことは分かりました。従来のように練り上げた黄身練りに比べて柔らかいので吸い込みがよいのかもしれません。寒タナゴ釣りシーズンの食いが渋ったオカメタナゴねらいには有効なようです。お試しあれ!

グルテンエサ考察

止水域と流れっ川で併用できる定番の黄身練りに対して、止水エリアの練りエサとして近年大人気なのがヘラブナ釣り用の市販品を流用したグルテンです。

作り方の基本はボールなどの容器の中でグルテンと水を指定どおりの分量で合わせ、軽くかき混ぜて数分間待つだけとごく簡単。小分け袋入りの製品なら計量カップも必要ありません。関東の霞ヶ浦水系を例にあげると、ホソや湖岸ドックのオカメタナゴ&マタナゴ釣りのほか、本湖エリアのオオタナゴなどタナゴ五目釣りにも定評があります。

ヘラブナ用のグルテンエサは製品の種類が多く、パッケージにはグルテン量、バラケ性、比重（重さ）といった特徴が明記されています。タナゴ釣りにはハリ持ち（残り）のよさと沈みやすさを考慮して、グルテン量・比重とも大〜中の表示があるタイプを選ぶことが一応の目安です。しかし同じような配合表示の製品でも作り比べてみるとキメの細かさや弾力・粘りっ気、タッチの違いなど、それぞれ個性があることに気付くと思います。

ベテランになると市販の単品では飽き足らず、数種類を配合して自分好みのオリジナルグルテンを創作している方が多くいます。ニンニクや薬草など集魚効果が高いスパイス入りの製品もありますが、マイレシピの隠し味としてバニラエッセンス、茴香《ういきょう》、カレー粉、ハチミツといった香料・甘味料類をはじめ、ヘラブナ用など市販の集魚剤は当たり前、水の代わりにリポビ何某などの栄養ドリンクを使うという手もあります。

ヘラブナ釣り本来のグルテン使用法は、基本的にグルテン素材の持ち味を殺さないことが常識だそうです。ところがタナゴ釣りバージョンのグルテンエサ作りでは、練り込んでグルテンの繊維を変化（破壊？）させることによって、極小サイズのタナゴバリのハリ先で引っ掛ける微量なエサ付けでもたやすくまとめることを可能にしたわけです。また、グルテンを握り取った際に指先や手の平にこびりつかないように微量の油分を加える工夫も今や知れ渡りました。オリーブオイルやバター、クリームチーズから冷蔵乾燥干しの蒸しパン粉まで、油分を含んだ食用品が使われています。このようなグルテン＋油分のミックスはもう10年以上も前、同じグルテンエサのマブナ釣りでも試されていて、その当時はマヨネーズがトレンドでした。フナとタナゴ、どちらの釣りジャンルが早いのでしょうか。

ブレンダーとしての才能に乏しい僕の場合は、市販品のテストを繰り返した結果ここ数年、ダイワ「激グルにんにく」の単品を多用しています。基本的には釣行当日の朝、自宅でノーマルなグルテンエサを作って密封容器に入れて釣り場に持参します。寄せエサ用は数回折りたたむ程度でほとんど練り込まず、釣り開始と同時にぼてっと大きめにハリ付けして集魚に専念します。タナゴが集まってきて本格的なアタリが出始めた時点で、今度は食わせエサにスイッチします。食わせエサは20～30回折りたたむように練り込んで食わせベースを作り、タナゴの大小や活性の善し悪し、水深の違いによるハリ持ちなどを考慮しつつ、その場で練り込み加減を調節するのが僕の常套手段です。

今冬（２０１２）は霞ヶ浦で出会った釣りキチ中学生に教わった、寒タナゴに集魚力抜群というグルテンエサにも着手しました。添加する集魚剤はマルキユーから「よせアミ」の名で市販されている粉末のオキアミです。最初は習ったとおりに粉末をそのまま混ぜたところ、粒が粗すぎて滑らかなグルテンエサにはなりませんでした。次に粉をすり鉢で当たってみましたが、まだザラザラ感はぬぐえません。

ここで香り高いコーヒーを飲みながら思案しました。そしてコーヒーかすが残った紙フィルターを捨てようとしたその時、グッドアイデアに気が付いたのです。もうお分かりでしょう。オキアミ粉は水かぬるま湯に浸しておき、コーヒー用の紙フィルターで濾し取って、その不純物がないオキアミ出汁でグルテンエサを作るレシピを思いつきました。粉と水の比率、浸す時間などはあまり深く考えないで結構です。

これぞ常識破りの練りエサいじり。愉快じゃないですか、ご同輩！

匂いカゴの中身は十人十色

主にオカメタナゴを相手にして楽しむ止水域の寒タナゴ釣りは、古くから淡水小もの釣りの旬のひとつに数えられています。関東エリアの専売特許でしたが、最近は全国各地でオカメタナゴが釣れることもあり江戸前流の寒タナゴ釣りテクニックが広まっています。

その秘技（？）は数々ありますが、活性が極端に低い越冬期のタナゴに食い気を起こさせる増進剤の奥の手として、寄せエサの使い方がまたたく間に普及したことには正直驚いています。茶こし器を利用した寄せエサを水中に吊るす匂いカゴという奇抜な発想も受けたのかもしれません。

東京タナゴ釣り研究会の名人位で幹事長を務める成田臣孝さんに、『つり人』２０１２年3月号用として寒タナゴ釣りの寄せエサ術を取材した時、成田さんは「寄せエサ術の基本は宙層に群泳しているオカメタナゴの遊泳層を下げないように、浮遊性があって集魚力が高い寄せエサで活性を高めること」と説明してくれました。基本的なブレンドはマルキユーの浅ダナ一本や赤へらなど比重の小さなバラケエサをベースに、集魚効果が高いサナギ粉やエビ粉を加え、その比率は10：2～3が目安です。この寄せエサを粉末のまま茶こし器に入れてタナに沈めることによって、浮遊性が高いバラケエサの微粒子と集魚剤の匂いが宙層から上層にかけて拡散されます。と同時に網目をすり抜けた集魚剤の一部が沈下して、少し下層にいたタナゴも引き寄せる効果も期待できるという使用法です。

ところがこの基本的な寄せエサでは飽き足らず、各人がプラスアルファとして砂糖や旨味調味料、粉末コーヒーミルクなどを加えて個々のマル秘ブレンドを楽しんでいます。僕も一端《いっぱし》のタナゴ釣り愛好家なので他人と同じブレンドでは嫌ですし、たくさん釣りたいというスケベ根性がありますから、それなりに頭を悩ませています。

そんな折、月刊『つり人』編集部のデスクの上に山と積まれている得体の知れないものに気が付きました。聞けば目下流行中のヨーロッパスタイルのカープ・フィッシング、つまりコイ釣りに使うボイリーと呼ばれる付けエサでした。パチンコ玉に比べて一回り大きなボール状のボイリーは強力な集魚力を誇り、数10mも離れて泳いでいたコイもその匂いを嗅ぎつけて近づいてくるそうです。

ものは試しとばかりに早速、僕のマル秘ブレンドに採用してみました。僕流の使い方はバラケエサのベースに指先で粗く砕いたボイリー2、3個分を加え、強力な匂い成分でタナゴをおびき寄せようという魂胆です。今季2回試した時点では、もしかして有効かも？程度の手応えで寒タナゴ釣りシーズンを終えました。

でも、このボイリーは奇想天外なのです。配合の種類は動物系と植物系の2種類に分かれるそうで、魚粉やサナギ粉の動物系は理解できるとしても、イチゴやシソ、青のりといった植物系の製品は想定外でした。来シーズンあたり、「魚粉とイチゴをミックスしたらオカメタナゴが湧き出てきた」などというビッグニュースを伝えることができたら愉快でしょうね。

強力な匂い成分が魅力的なカープ・フィッシング用のボイリー。タナゴとコイ、同じコイ科なので効くような予感あり？

流れっ川はエサ切りでだませ！

まるで渓流のように透明度が高い流れっ川では川底の状態はもちろん、水草の間を出入りしたり流れを横切って活発に泳ぎ回るタナゴたちの姿がよく見えて実に刺激的です。

このようなクリアウオーターの釣り場をねらう場合には、タナゴたちが流れの中で定位する個所や回遊する範囲、コースを予想し、腰を落とすなどして身を隠しつつ、静かにサイトフィッシング（見釣り）を試みます。実に楽しいひとときです。

これはしかし裏を返せば、タナゴたちからもこちらが丸見えのシチュエーションです。光線の加減をはじめ減水期、産卵期などのタナゴがナーバスになっている条件下では、流れ下るエサを途中まで追ってやめてしまったり、エサには見向きもしないケースもままあります。特に黄身練りを使っていてタナゴが見えるのに釣れない場面では、仕掛けのイトに操られているエサの不自然な流れ方が気に入らないことが主な原因です。そんな時にはねらいを定めたタナゴの頭の中をリセットしてやることが食い気を促す打開策のキモといえます。

一度流して不信感を抱かせたエサをおいしいものだと認識させるリセット方法は、エサ

水草がそよぐ浅くクリアな流れっ川。釣り人から泳ぐタナゴの姿が確認できる半面、タナゴからも丸見え

切りと呼ぶテクニックです。基本的なエサ切りは、仕掛けを流す途中で軽く空アワセをして意識的に黄身練りをハリから切り離すサオ操作を数回繰り返します。こうしてタナゴたちに自然に流れ下るエサを見せて「これはおいしいエサだ」と学習させる少し高度なテクニックです。タナゴたちが次から次へと流れてくるご馳走をインプットしてくれたところを見計らい、今度はハリス付きの黄身練りエサを流し込むと疑いもなくパクリと食べてくれる、という寸法なのです。

参ノ扉

テナガエビ・ハゼ釣り——
侮れない「手軽なターゲット」

同じ汽水域でもハゼとテナガエビには棲み分けがある

潮の干満とともに海水と淡水が入り交じる汽水域。河川の中下流域から河口にかけて釣り場が広がるハゼ釣りとテナガエビ釣りは、汽水域の陸っぱり小もの釣りターゲットとして人気を二分しています。

それぞれの釣期には地域差がありますが、関東ではテナガエビが初夏の5月から梅雨明け7月いっぱいの約3カ月間。ハゼは梅雨時の6月中旬あたりに始まり、師走までの約半年間というロングランです。

同じような汽水域の環境で釣期も一時期重なるため、テナガエビとハゼが混じって釣れるケースもありますが、基本的には好む場所や底質が異なります。テナガエビはマンションのような立体的な住処を好みます。簡単にいうと水害防止用として水際に投入されたテトラポッド帯が代表格です。3、4階建ての小さなマンションは干潮時にテトラポッドが干上がってしまい、住処をなくしたテナガエビは沖めの深みへ行き来するしかありません。

水深がある場所に建つ入り組んだ高層マンションでは、潮の干満によってテナガエビが上下の階を移動しながら住み着いています。干潮いっぱいの潮位が低い時間帯は底層で待機しているようですが、潮が動き始めて潮位が高くなり満潮に近づくと中層から上層へよじ登ってきます。もともと夜行性のテナガエビはこのとき日陰部分をたどるようにして活発にエサをあさる行動を見せます。

テナガエビの住処になっているテトラポッド帯の隙間の中でもハゼが釣れることがありますが、数は極端に少ないと思います。どちらかというとハゼはハゼでも、チチブ系のダボハゼが多数混じるケースのほうが多いのではないでしょうか。また、テトラポッド以外に古タイヤや自転車などの人工物もテナガエビの格好の住処です。湖沼など淡水域のテナガエビ釣りでは、古くから棒杭や沈み根周りなどを好ポイントとしてねらっています。

一方、陸っぱりのハゼ釣りは、6月中旬から9月上旬にかけて体長5～10㎝に成長したデキハゼとか夏ハゼと呼ばれるサイズを相手にトップシーズンを迎えます。この時期のハゼは干潟ができる遠浅のカケアガリを好み、底質は砂泥底や泥底で形成されています。

家持ちのテナガエビとは違い、ハゼは潮の干満によって沖めの深みと岸寄りの浅場を行き来しています。上げ潮に乗って岸に向かってくる時には数10㎝動いては休み、また気が向くと数10㎝動いては休むハゼの姿を観察するのは楽しいものです。

フラットに見える底ですが、ハゼがジグザク行進してくる道筋には必ず小さな凹部や浅い溝が掘れていて、このような窪《くぼ》みを伝わってハゼは移動します。さらに辺りを見回すと、カケアガリ一帯には危険を察知した際にとっさに身を隠せる貝殻や捨て石など中小の障害物が点在しているはずです。

テナガエビとハゼは釣り人の思惑どおり、同じ釣り場でいい按配に釣れ盛ることは100％ありません。残念ながら「二兎を追う者は一兎をも得ず」なのです。

大河川の汽水域に棲むテナガエビにとって格好のマンションになっているテトラポッド帯。テトラポッドの形状や規模などは多種多様

汽水域の砂泥底や泥底の干潟ができる遠浅のカケアガリはハゼが好む場所。潮の干満を利用して点在する捨て石や人工的な障害物をたどりながら、沖めと岸寄りの移動を繰り返す

テナガエビ釣りのサオ掛け&サオ置きベストワンは?

近年のテナガエビ釣りエリアは大中河川の中下流部を中心とした汽水域に集中しています。釣り場は土手下に続くコンクリート護岸の前面に投入されたテトラポッド帯が大半を占めています。そのテトラポッド帯ですが、テトラの形状やブロックサイズ、造成形式などの状況が多様化しているため、古くから親しまれてきたテナガエビ釣り独特の2、3本ザオを操る並べ釣りは非常にやりづらい面があります。そこでファンの皆さんはそれぞれの釣り場にマッチした自作のサオ置きやサオ掛けを使って楽しんでいます。

最初に考えることは、不安定なテトラポッドやコンクリート護岸からサオが転がり落ちない工夫です。最も簡単なサオ置き用のストッパーは、多目的のEVAマットや網状の滑り止めシートをカットしてサオの中間やサオ尻など数カ所にマットの小片を通しておくとか、シートを巻き止めておく方法です。飛び石のように水面から頭を出したテトラポッド帯ではこのようなマットの小片やシートの巻き止めを利用すると、上下左右に角度を変えながら2点確保でサオの橋を渡すことが可能です。また、平坦なコンクリート護岸からサオをだす時にはワカサギ氷上穴釣り用の洗濯バサミ型サオ置きや、そのものズバリの洗濯

右上／長方形にカットしてサオを通す穴を開けたEVA 樹脂マットと、サオ尻に巻いた滑り止めシートのW効果が期待できる簡単なサオ置き
右下／市販品の洗濯バサミを利用した置き方。いかにも安定しているように見えるが実際にはなかなかこうはいかないもの。場所によって横置きにするなど臨機応変に使いこなしたい
左下／ハゼ用サオ掛けを流用して自製した携帯用サオ掛け

バサミも便利なので併せて常にタックルボックスに忍ばせておくのが良策です。

一方、とても厄介なのは斜面型のコンクリート護岸に釣り座を構えて前面に広がるテトラポッド帯をねらう釣り場です。足元が斜めに傾いているので釣り座が不安定なうえに、前述したようなベタ置きタイプのサオ置きでは滑り落ちやすくてあまり役に立ちません。

斜面の釣り座で使うサオ置きは、堤防などの投げ釣り用として市販されているミニ三脚を買い求めるのが手っ取り早い方法です。サオの途中をバーで支えてサオ尻をコンクリート護岸に置くと、3、4本ザオを操ることもできます。サオ尻には滑り止めシートやマットの小片をセットしておけば万全です。

このような使い回しが利く簡易型のサオ置きの

5、6本ザオが操れるサオ掛けとイスがワンセットになったオリジナル釣り台で楽しむ地元ファン

ミニ三脚は斜面のコンクリート護岸に使いやすいサオ置きだ

ほか、シーズンになるとせっせと通い詰めるホームグラウンドの釣り場がある人の中には、ポイント限定のサオ掛けを自作しているケースも多く見受けます。ハゼ船釣り用のサオ掛けと木片を組み合わせた携帯型のサオ掛けから、ヘラブナ野釣り用のそれにも似た本格的なサオ掛けとイスのワンセットの釣り台にどっかり座って楽しむ地元勢まで、使い勝手のよい自作グッズをひねり出すのは実に面白いものです。釣り仲間一のアイデアマンいわく、

「ホームセンターは宝の山です。アイデアが脳裏に閃《ひらめ》いたら、即座にホームセンターを物色するのが手の内です」

とはいうものの、テトラポッド用のサオ置きやサオ掛けに決定打はまだない、というのが目下の僕の思うところです。

テナガエビの通り道を捜せ

テトラポッド帯のテナガエビ釣りで好釣果を得るには、まずテトラポッドが大きく露出している潮位が低い時間帯に到着することです。そして障害物が入っているかどうかや、ブロックとブロックがどの程度複雑に入り組んでいるかなど、テナガエビの隠れ家によさそうなテトラの穴をチェックしておく事前調査が重要です。

そうこうしているうちに、上げ潮に後押しされるように沖めからはい上がってきたテナガエビは、潮が満ちてきた岸寄りのテトラポッドに集まって活発に就餌行動をします。釣り人は目星を付けておいたテトラの穴に探りを入れてテナガエビの所在を確かめ、運よく見つけたいくつかのアタリ穴を行ったり来たりしながら確実に数を重ねていくパターンを組み立てていく、これが理想的だと思います。

テナガエビが好んでエサ場に選ぶアタリ穴は決まっていて、活性が高い好潮時でも空き家は空き家のまま、絶対に釣れることはありません。よくよく考えてみるとテナガエビには潮の干満を利用して行き来する通り道が何本もあって、テナガエビが釣れ続くアタリ穴はちょうど往来が激しい目抜き通りの交差点のようなものではないでしょうか。

干潮いっぱいの最後の最後までアタリ続けた穴がこれ。手前にほんの少し水が残っているでしょ？

降参とばかりにお手上げ状態で上がってきたテナガエビの仕草は実に面白い

僕は江戸川のテトラポッド帯で面白い現象を体験したことがあります。その日はうまい具合に数ヵ所のアタリ穴を捜し当てて順番に繰り返し釣り続けていると、次第に干潮時が近づいてきました。岸寄りから順に次から次へとテトラの穴が干上がっていく中、最後に残ったアタリ穴だけは潮位がほとんどなくなるまでテナガエビが掛かってきたのには驚きでした。釣りを終えて恐る恐る最後の砦となったその穴をのぞき込んでみると、やはりブロックすれすれに浅い溝が掘れていました。隣り合うブロックの隙間に通じているであろうこの「交差点」を通り抜けなければテナガエビは沖へ戻れず、ついでに帰りがけの駄賃とばかり僕の垂らしたエサに飛び付いてきたのだと推測しています。

テナガエビ仕掛け、複雑すぎていませんか

テナガエビ釣りの旬は梅雨時が最盛期といわれてきましたが、最近は5月のゴールデンウイークあたりから早くも首都圏を流れる大河川のテトラポッド帯や親水公園の護岸帯にファンの姿が目立つようになりました。特に20～30歳台のヤングファンが年々増えているのは喜ばしいのですが、使っている仕掛けなどを見るとテナガエビ釣りらしからぬ有様で複雑な気持ちにもなります。中通しの玉ウキを4個も5個も連結したり、親ウキと玉ウキを組み合わせたフナのシモリ仕掛けパターンが多く、ご丁寧にも水面から水中にかけて玉ウキを並べたそのようすはまるでテトラポッド帯のフナ釣りそのものです。

小もの釣りに格別強くなさそうな釣具店で見かける市販のテナガエビ完成仕掛けの大半はフナ釣りスタイルの流用で、なかにはミチイト1号を切る細仕掛けまであります。テナガエビ釣りを知らないメーカーの担当者が適当に想像したか、児童向けの玩具感覚で作ったものなのかもしれません。

僕が思うにテナガエビ釣り仕掛けというものは、正統派の玉ウキ1個の本シモリ式の早ジモリ仕掛けにとどめを刺します。妥協しても玉ウキ2個の親子シモリ止まりでしょうか。

下手な細工は無用！　外通し玉ウキ１個の本シモリ式の早ジモリ仕掛けがテナガエビ仕掛けの正統派

それが四ツ玉とか五ツ玉の遅ジモリという大袈裟な仕掛けでは流れや風の余波による水抵抗を受けやすく、せっかくテトラポッドの隙間に沈めた仕掛けがふらついて安定しません。また、水面を漂う玉ウキが浮遊しているゴミを拾ってしまいますし、根掛かりの頻度も高いので細仕掛けは禁物なのです。

玉ウキの位置は水面下２〜３㎝の水中に沈め、エサをくわえたエビが移動していく「食い逃げアタリ」を尾行する駆け引きを楽しむことが関東流のテナガエビ釣りの真髄です。複雑な仕掛けやホソ仕掛けは百害あって一利なし。釣り人本位の下手な細工や変装（？）は、テナガエビに簡単に見破られてしまいます。

好潮時に集中せよ

海釣りの世界ではよく「潮を釣れ」といいます。これは潮回りや潮時を吟味して魚の活性と食い気が高まる好潮時に集中して釣りなさい、という意味です。ハゼとテナガエビは汽水域に好んで生息していて同じく潮の干満に左右される魚種ですから、よく釣れる時間帯を推測する潮読みは大切です。魚の活性と食い気が高まる好潮時というと単に潮が適度に動いている時と思いがちですが、100％当てはまるわけではありません。首都圏エリアを流れる多摩川や荒川、江戸川の3大水系はハゼとテナガエビ釣りのメッカとして知られています。しかしこれらの大河川の汽水域釣り場では、流れ下る川の流速と潮の干満が複雑に絡み合うため、潮回りと潮時をよく読んで釣行する必要があります。

分かりやすく説明しましょう。上げ潮の場合は河口方面から潮が押し上げてくれるので川の流れが弱まります。反対に下げ潮時は川の流れに潮の勢いが加わって、より流速を増してしまう結果になります。さらに潮回りを考慮すると、干満の差が大きい大潮時ほど川と潮が絡み合う現象は著しくなってしまいます。特にテトラポッド帯などの本流筋をねらうことが多いテナガエビ釣りは大きな影響を受けやすく、時には流速が速すぎて釣りにならないケースもままあります。釣行前には潮時表等に掲載されている干満の上下動幅を表わしたタイドグラフを調べるクセをつけることをお勧めします。

一方、よく釣れる潮時のことを時合といいます。「我慢してサオをだしていたらやっと時合がきて入れ食いになってさ」という気の長い釣り人もいますが、できれば「ドンピシャリで時合の読みが当たったよ」と大漁節？に酔いたいものです。潮が動く目安は一般に満潮いっぱいと干潮いっぱいの潮止まりから差し引いて、上げ潮が上げ2～3分から7～8分、下げ潮は下げ2～3分から7～8分と表現します。ただしこの時間帯なら魚の活性がすべて高まり釣れ盛る時合というわけではなく、河川や釣り場によってよく釣れる好潮時は異なります。たとえばA川は下げ潮よりも上げ潮のほうが食いがよく、中でも干潮いっぱいの潮止まりから潮が急激に動く上げ2～3分の上げっぱなが最高、といった感じ。もちろんその逆も然りというわけです。気に入ったエリアが見つかったら、潮時の時間帯を変えるなど何回か通って、釣り場のクセを把握してしまうことが攻略のキモです。

また、潮読みには季節の時間帯も加味してください。夏場の日中、炎天下のハゼ釣りはいくら潮時がよくても岸寄りの浅場は潮がうだってしまい、食い気もガタ落ちです。朝夕マヅメの涼しい時間帯に絞り、短時間の数釣り勝負を決め込むほうが自分の身体も楽ですし、気合いが入って釣果も伸びるものです。

時代はスーパーライト・チョイ投げ！

振り出しのノベザオで楽しめた夏ハゼ釣りシーズンが終わると、ハゼは少しずつ深みを目差します。とはいえ、9、10月の彼岸ハゼから落ちハゼの初期にはまだまだ活性が高く、船釣りでねらうような沖に出てしまう心配はありません。大半のハゼは水深2m以浅の運河水路群や河口付近にとどまっています。

この時期になると片手投げのスピニングタックルでねらう通称チョイ投げの出番が回ってきます。飛距離は20m以内ですから、サオはルアーロッドや船のシロギスザオなど、いろいろな釣りジャンルのショートロッドが流用されてきました。そのなかでも今の時代ならではの小もの釣り独特の面白さを追求するのなら、極細PEライン＋超軽量ミニテンビン仕掛けのスーパーライト・チョイ投げがイチ押しです。

用意するタックルですが、まずは全長2・1～2・7mの堤防釣り用万能ザオをおすすめします。仕様的にはファストテーパーの繊細なソリッド穂先付きで、オモリ負荷1～5号を目安にして購入するといいでしょう。組み合わせるスピニングリールは2000番前後の小型タイプがよく、ミチイトには伸縮性がほとんどないPEラインの0・6～0・8号を巻き込んでおくことで抜群のアタリ感度を誇るハゼ釣りバージョンのスーパーライト・チョイ投げタックルに仕上がります。

ただしアタリ感度のよさとは裏腹に、PEラインは伸縮性のないことが災いしてせっかく当たったハゼを弾いてフッキング率が半減してしまうことが隠れた欠点です。そこで、食い込み重視のワンクッションとして海の小もの釣りをはじめ万能タイプ的なうたい文句で出回っている超軽量ミニサイズのL型鋳込みテンビン（オモリ2〜3号）をチョイスすることがキーポイントといえます。

僕などはここ最近、9月早々からスーパーライト・チョイ投げタックルを忍ばせてハゼ釣りに出かけています。たとえば川幅10〜15mの水路をねらった場合、潮位の高い時間帯は振り出しザオのミャク釣りで楽しみ、その後、干潮に向かってハゼが水路中央部のミオ筋に集まり始めたら、おもむろにチョイ投げにスイッチする作戦です。極細PEラインのおかげでオモリ2号程度のミニテンビンでも簡単に10〜15mは飛びます。対岸側のカケアガリに落としてからミオ筋を通過するように探ってくるのがサビキ釣り（引き釣り）のコツです。手元にコンコンッどころか、カンカンッと伝わる金属的なシグナルは気持ちよく、アタリと同時にロッドのリールシートを支える手の平を軽く握る返すくらいのグリップのアワセで十中八九フッキングしてくれるはずです。

見切りを学ぶ

釣り人の間で引き継がれてきた幾多の釣り用語で、「見切り」という釣り場に関する語句が会話の中によく登場します。簡単にいうとこれは釣れなくなったポイントを離れて移動する判断のタイミングを言い当てたものです。

汽水域の釣りでは好不調の波には潮回りと潮の干満が大きな影響を及ぼしていることは前記しました。せっかくの好潮時なのに最初から全く釣れずポイント選びのミスに気が付いた場合には場所替えを即決できますが、問題は潮には関係なく快調に釣れ盛りそのピークが過ぎて次第に釣果が落ちてきた時の見切り判断です。振り出しザオで楽しむ陸っぱりハゼ釣りでも食いの善し悪しからポイントの見切りの難しさを体感できます。釣り場は遠浅浜の立ち込み釣り、親水エリアの護岸釣りのどちらでもよいですが、魚影が多いポイントに入った時の釣れ具合の経過をシミュレーションしてみましょう。

釣り開始早々はハリの痛さを知らないウブなハゼばかりですから、明確なアタリとともにコンスタントに釣果が伸びていくでしょう。とはいえ同じコースの同じ個所に振り込んでいるうちにアタリの数が少なくなることは必至です。さて次なる手段は、同じ立ち位置でも仕掛けを振り込む方向を変えて広く扇形に探ってみる作戦に変更します。するとスレていないハゼが相手ですから、まだ余裕で釣果が増えていきます。しかし今度はフッキング率が10打数3、4安打がいいところ。時間の経過とともにアワセ損ないの底バラシを繰り返しているうちに次第にアタリが遠のいていくのが実感できるはずです。

実はこれがポイントを見切る最良のタイミングなのです。この時迷わず立ち位置を左右どちらかに5～6m移動して新ポイントをねらえば確実に釣果がアップします。

でものは試し、このまま釣り続けてみましょう。案の定アタリの出方がおかしくなってきます。ブルッ、ブルブルブルッとエサをおしゃぶりしているだけのような不明瞭なアタリで、エサを食い込む明確なアタリが途切れたはずです。アワセ損ないでハリから逃れたおかげでハゼたちは学習して賢く変貌《へんぼう》してしまったというわけです。

僕の場合、夏場の陸っぱりハゼ釣りは秋の彼岸から始まる「東京ハゼ釣り研究会」例会に向けた数釣りトレーニングも含まれているので、のんびりとサオを垂れる癒《いや》し系のハゼ釣りはしません。ワンラウンド1時間に区切って半日で数ラウンドをこなし、例会での競技釣りをイメージして取り組んでいます。釣り仲間数人と出かけた際には、ミニ競技会を開くと刻一刻と釣れ具合が変化していく過程が手に取るように分かります。皆さんも実釣を積み重ねて見切りの本質を学んでみてください。

おいしくいただくための保冷クリール

陸っぱりハゼ釣りやテナガエビ釣りのシーズンは概して気温が高く、釣りあげた獲物をおいしくいただくには保冷に気を配りたいものです。ぬるま湯と化した活かしビクの中で白く変色してしまったハゼやテナガエビなど、とても食べられたものではありません。

僕の釣り仲間は皆、大手釣り具メーカーから渓流釣り用ビクとして市販されているソフトクーラータイプの保冷クリールを愛用しています。基本的にはハードタイプのメインクーラーボックスの中に自宅で凍らせた500mlペットボトルを何本か用意し、それを氷代わりに釣り場用のサブクーラーとして使っています。

保冷クリールはショルダーベルトで肩からたすきに掛けるか、胸元に下げる前ビクスタイルにするかはお好みですが、ジップバッグに入れたエサはクリールの中で保冷しておき、クリール前面にセットした小出し用のエサ箱と取り分けるとエサも弱らず便利です。夏ハゼの立ち込み釣りはもちろんのこと、振り出しザオやチョイ投げロッドを手に親水護岸を探り歩く時にも身軽ですし、足場が不安定なテトラポッド帯のテナガエビ釣りでビクやエサ箱を水中に落としてしまう心配もありません。

最小限の荷物でまとめたい折りたたみ自転車釣行の際には、保冷クリール１個でまかなってしまいます。最初の氷が溶ける前に道中のコンビニで冷凍ドリンクのペットボトルを買って取り換え、帰路は１kg入りの氷を仲間で分け合い充分な保冷を保つことで自宅が遠くても安心です。下町界隈《かいわい》の水路群で楽しむ数時間の半日ハゼ釣りもこれでＯＫです。

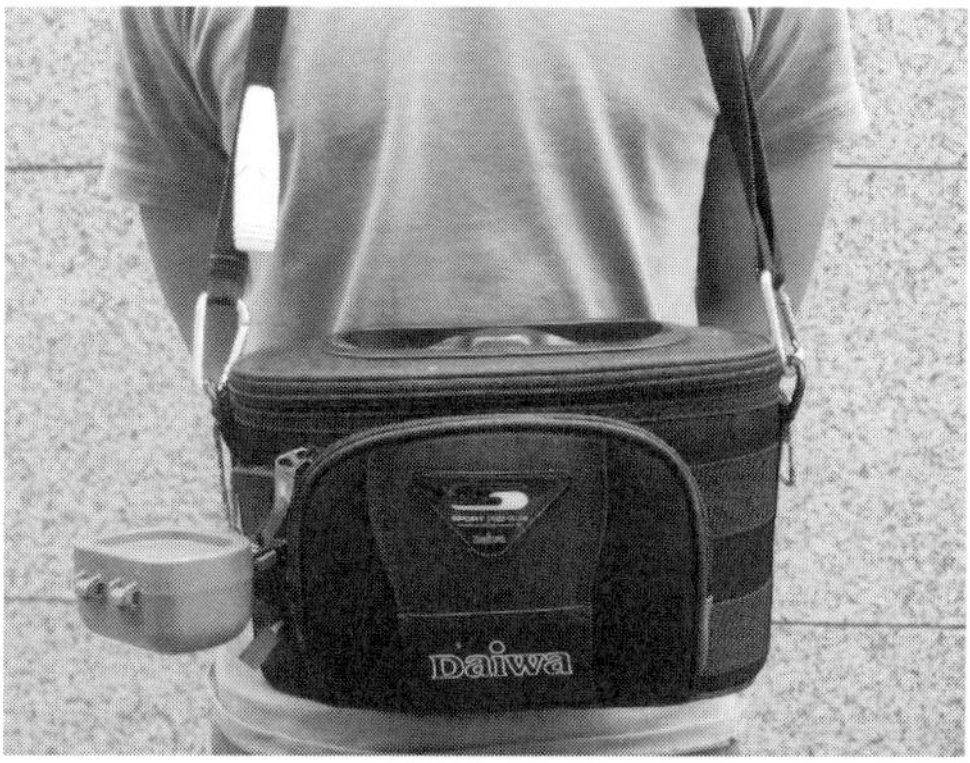

ソフトクーラータイプの保冷クリールと小出しエサ箱のセットは、汽水域のハゼ＆テナガエビ釣りの必需品！

チビッコの夏ハゼは手のひらいっぱいで 50 尾前後

著者プロフィール

葛島一美（かつしま・かずみ）

1955 年、東京生まれ。幼少時代よりフナ、タナゴ、ハゼなどの小もの釣りに親しむ。東京中日スポーツの釣り欄担当を約 20 年務めた後、オールラウンダーのカメラマン兼ライターとしてフリー宣言。月刊『つり人』で毎号グラビアを担当するほか、釣り全般にムックの取材も多い。

主な著書に、『平成の竹竿職人』『釣り具 CLASSICO モノ語り』『続・平成の竹竿職人　焼き印の顔』『沖釣り釣れる人釣れない人』『アユ釣り渓流釣り／結び方図鑑』『ワカサギ釣り』『小さな魚を巡る小さな自転車の釣り散歩』『日本タナゴ釣り紀行』『タナゴ ポケット図鑑』『決定版 フナ釣り タナゴ釣り入門』（以上、つり人社）、『釣魚の食卓～葛島一美の旬魚食彩～』（辰巳出版）など多数。東京ハゼ釣り研究会副会長。

小《こ》もの釣《つ》りがある日突然上手《ひとつぜんうま》くなる　フナ　タナゴほか

2012 年 6 月 1 日発行

著　者　葛島一美
発行者　鈴木康友
発行所　株式会社つり人社

〒101－8408　東京都千代田区神田神保町 1 －30－13
TEL 03－3294－0781（営業部）
TEL 03－3294－0766（編集部）
振替 00110－7－70582
印刷・製本　三松堂印刷株式会社

乱丁、落丁などありましたらお取り替えいたします。

ISBN978-4-86447-020-9 C2075
つり人社ホームページ　http://www.tsuribito.co.jp
いいつり人ドットジェーピー　http://e-tsuribito.jp/